Office Mental

오피스 멘탈

- 음해를 이기는 멘탈 관리 비법 36가지

현우진 (블로그 명 : 덴부와 셜리)

kellypic@naver.com

https://brunch.co.kr/@peter1217

동양철학 전공, 현재 커리어 디자이너, 콘텐츠 기획업 종사

발 행 | 2023-05-30

저 자 | 현우진

펴낸곳 | 켈리픽쳐스

출판사등록 | 2023.03.30(제2023-120호)

ISBN | 979-11-982825-2-1(03190)

https://brunch.co.kr

Office Mental

오피스 멘탈

- 음해를 이기는 멘탈 관리 비법 36가지

〈Office Mental〉 책의 독자들을 위해서

원래 제목은 〈음해의 기술〉이었다.

음해하는 방법이 아닌, 음해를 막고 자기 자신을 지키는 멘탈 관리를 위해 블로그에 글을 쓰기 시작했다.

오피스 멘탈은 36가지의 에피소드로 구성되어 있다. 36은 알다시피 36계 병법에서 나왔다. 많은 책에서 '36계로 알아본 ~' 제목들이 많아서 이 책 제목에 36계 병법을 전면으로 내세우지 않았다.

게다가 '60계 치킨'도 있어서 이 책까지 〈36계 음해의 기술〉이라고 하면 헷갈릴 것 같았다.

병법 36계 전략을 인용하더라도 고사성어 풀이보다는 오피스에서 실제로 일어나는 일들을 에세이식으로 구성하였다. 다만 36계를 인용한 이유는 모든 전략이 정면 승부가 하나도 없기 때문이다. 지혜롭게 전략을 짜서, 덕으로 정치하고 힘을 기르며 용감하게 병사를 이끄는 전략은 없다. 그건 사실 기본이기 때문이기도 하다. 36계는 지덕체용(智德體勇) 그런 것 없이 모두가 우회하고 숨고 도망가고 치고 빠지는 전술이다.

하물며 인생도 이러한 전략들이 난무하는 가운데 견뎌내야 하기 때문이다. 이 글은 직장 내에서 일어나고 오피스에서 벌어지는 사례를 들어 설명했지만, 어느 조직이나 사회에서 해당한다고도 볼 수 있다. 그래서 꼭 회사원이 아니더라도 자신의 멘탈에 도움이 되는 실용서로 썼다. 실용서이지만 전략이나 서바이벌 매뉴얼뿐만 아니라 어쩌면 인생의 철학이나 명상 혹은 마음을 다지는 책으로 삼았으면 한다.

〈 content 〉

다음 승진은 너야. 이번 누락만 참아

음해의 기술 - 만천과해

승진 누락에 쿨하게 대처하는 법

> 만천과해(瞞天過海: 기만할 만, 하늘 천, 건너고 과정의 과, 바다 해) 하늘을 속이고 모두 다 속여서 바다를 건너는 작전이다. 어떻게든 결과를 바라보고 행해야 할 때를 말한다. 하늘까지 속이는 것이다. 그러나 보통, 인자하고 겸손한 마음에 내가 속는 경우가 있다.

66

승진. 직장인, 회사원, 정규직의 존재 이유이다.

승진, 정말 오피스에 내가 존재하는 이유이다. 그런데 이번에 안 됐다. 정말 되는 줄 알았는데……. 사실 이미 알고 있었다. 위에서 조용히 부르거나, 인사팀에서 조용히 부르는 경우이다.

66

"다음 승진은 너다."

과연? 믿으면 안 된다.

회사원은 오직 서류로 말해야 한다. 다음이라는 근거는 뭔가? 다음 승진 때 당신을 밀어줄 사람이 다른 좋은 곳으로 스카우트될 수 있다. 그래서 당신을 밀어줄 이가 없을 수 있다. 또 회사 경영상 승진 보류가 될 수 있다.

한편 다음 승진 때도 새로운 음해가 난무할 것이다. 그래서 승진은 될 때 해야 한다. 이런 말도 서류에 도장 찍히고 사내 게시판에 공개될 때까지 믿으면 안 된다. 정말 눈으로 확인해야 한다. 모든 걸 눈으로 확인해야 한다.

확실히 승진은 될 때 해야 한다.

다음 승진을 미끼로 회사에서 어려운 일을 시킬 수 있다. 그렇다면 믿지는 말고 그 어려운 일을 수행할 때 나 자신이 승진 말고 무엇을 얻을지 계산해야 한다. 그런데 왜? 승진에 목을 매는가? 앞서 말한 대로 직장인의 존재 이유이다. 물론, 여러가지 말로 쿨한 척한다.

"난 승진에 욕심 없다."

이런 말은 진짜 욕심내는 경우이다. 욕심 없으면 이런 생각도 못 한다. 당신 밑에 들어온 인턴사원이나 말단 사원이 벌써 부장이라면? 당신은 물론 아직 실무급이다. 그럼 승진에 초연해 질 수 없다.

"일 열심히 하면 다 알아준다."

이런 말을 믿을 수 있는 것은 대리급 정도이다. 즉, 이런 말을 하는 사람은 자신의 자리를 위협하지 않는 대리, 과장을 대상으로 한다. 혹 당신이 열심히 일을 했다면서 '평가체계 개선' 운운해도 소용없다. 단, 영업이익이나 월등히 업무를 잘하면 평가 안 해도 누구나 인정한다. 단, 월등히 초격차를 이루어야 한다.

"난 승진 곧 될 것이다. 지금은 아니고 계산해 보니 2년 반 소요된다."

이렇게 말을 하는 사람이라면, 이런 사람 진짜 승진된다. 왜냐면 미래를 기다리면서 차근차근 혼자서 승진을 준비했기 때문이다. 윗사람 승진할 사람 승진시키면서 자신의 차례를 기다린 것이다. 혼자 몰래.

왜 승진이 존재 이유일까? 그러나 내카 승진 안 해도 ~~정말~~ 쿨하게 살아야 한다. 왜냐면 내가 세상에 존재하는 자체가 이유이기도 하니까. 그래도 어떻게 쿨해질까?

승진 누락에 쿨하게 사는 법!! ...어렵지만 말이다.

1. 월급에서 쿨하려면, 몸과 마음, 대출통장이 가벼워야 한다.

"승진하면 월급이 오른다구!!!"

시티즌 노예 계급인 직장인이 월급 오르면 당연히 좋지. 그렇지 않은가? 대부분 할부와 담보대출이 있지 않은가. 약간의 봉급인상으로 여윳돈을 갖길 바란다. 하지만 이자 갚고 여윳돈은 오른 봉급의 양만큼은 또 사회적 품위 유지비로 그만큼 카드 값 나간다.

내 경우, 창업이나 이직은 생각하지 않았다. 다만, 자유로워져야겠다는 생각을 했다. 회사를 때려치워도 1년은 버텨야 하기 때문이다. 그래서 빚을 다 갚기로 했다. 집도 팔고, 작은 집으로 옮겼고 (집값 상승전이다). 차도 12년 동안 탔는데 더 타기로 했다. 오!! 나의 사랑스러운 샤키 블루색 TDI엔진의 자동차여.

그런데 대출통장이 가벼워야 새로운 시도를 한다.

몸과 통장이 가벼워야 바닷가 절벽에 뛰어내릴 수 있다. 새로운 세상으로 갈 수 있다. 유튜브에서 직장인 N잡러, 부수입, 투잡, 창업 준비, 재테크 그러는데 글쎄……. 월급쟁이가 사실 쉽지 않다. 회사 출퇴근만으로도 얼마나 힘든데...투잡 조언은 그쪽 전문가의 의견을 청취 바란다.

2. 승진을 위해 남들이 한 투자만큼 나도 했을까?

"승진하면 내가 진두지휘할 수 있는 위치…. 점점 팀장 부장의 위치로 간다. 올라가고 싶다구!!!"

아…. 남 밑에 일하기는 싫다? 그래도 월급은 나온다. 또 하나 평가 체계 개선? 그런 거 의미 없다. 평가는 당신 이름 석 자로도 충분하기 때문이다. 암만 평가체계 개선해도 딱 대리까지이다. 그 이후 제도와 음해에 맞서면 누가 이길까? 남들은 회식 가고 주말 골프 치는데…. 나는 더 불안하다…. 스스로 이러니 승진이 안 되지…. 하며

그런데 가만 보면 그 사람들도 투자하는 거다. 회식하느라 술 먹고, 주말 시간 낸다. 사실 일도 열심히 한다. 그런데 나는 나의 행복을 위해서, 나는 내 시간을 얼마큼 내나? 골프 연습장은 그렇다 치자. 개인의 마음을 위한 꽃꽂이도 빠져, 독서 모임도 안 가…. 내 행복을 위해 투자한 시간이 있는지 가만히 생각해 보자.

3. 평소 수평적 커뮤니케이션을 해야 한다.

"우리 사회는 수평적 구조가 아닌 수직적 구조기 때문이다. 난 아랫것들과 겸상하기 싫다구!!!"

나이가 들수록 수평적 커뮤니케이션을 하고, 평등한 지위로 동료를 대해야 한다. 수평적 커뮤니케이션은 나이 어린 하급직원이 아닌 나이 든 사람을 위한 필요조건이다. 일한 만큼 경력과 경륜을 인정받고 나이 어린 부장과 일해도 아무렇지 않으려면 수평적이어야 한다. 그래야 나이 든 사람이 오히려 오래 일할 수 있다. 수평적 커뮤니케이션을 평

소 하는 사람은 나이 들어도 어린 동료들과 즐겁게 일할 수 있다.

그런데 반대로 승진 안 된 늙은 차장 중 꼰대가 더 많다. 그리고 일찍 승진되어 수직적 커뮤니케이션을 하는 젊음 꼰대도 많이 봤다. 제때 제때 차근차근 올라가는 사람은 그저 웃고 공손하고 친절하다.

사바사바의 기원과 아부의 예술

음해의 기술 - 위위구조

난 비빔면이나 짜장면도 비비지 않고 먹어. 누가 비벼줘야만 해. 그러니 회사에서 내가 잘 비비겠어?

위위구조(圍魏救趙 : 에워쌀 위, 나라 이름 위, 구원할 구, 나라 이름 조)

예전 중국에 위나라가 조나라를 침범했다. 조나라는 급했다. 그래서 제나라에게 도움을 청했다. 여기서 제나라는 바로 조나라로 가서 도움을 주지 않았다. 위나라 수도에 오히려 군사가 없을 것이라 파악했다. 왜냐면 조나라 침공을 막느라 거기에서 다 빠져나갔으니 말이다. 그래서 오히려 조나라를 구하기 위해, 조나라로 가지 않고 위나라로 바로 진격하는 전법이다. 이렇게 중심이 비면 모든 게 흔들리게 마련이다. 이 병법은 손자병법의 후손인 손빈이 했다고 전해진다.

"

나는 야구공 만지느라 손금이 없지만, 당신들은 손바닥 비비느라 손금이 없지?

프로야구 김성근 감독님께서 대기업 강연 때, 그 앞에 앉은 이사급에게 하신 말씀이다. 그렇다. 직장 내에 아부하는 모습을 손바닥 비비기로 표현하신 것이다.

또 하나 생각나는 풍경이 있다. 예전에 어느 고관대작께서 어떤 산업 분야의 중소기업들의 현황 이야기를 듣고 싶어서 하셨다. 훌륭하시다. 그래서 서울 모처에 관계산업 분야의 중소기업 대표를 모시고 이야기를 듣는 시간을 마련했다. 그런데 오히려 그 자리는 고관대작의 일장 훈계와 '전망'…. "너희들이 이렇게 해라 저렇게 해라로" 흘러갔다. 고관대작의 말씀으로만 채워진 회의 같았다. 그러나 산업체 대표자들의 대답은 한결같았다.

"네 (지당하신 말씀이십니다…. 라는 표정으로) 우리 중소기업들은 너무나 힘들어 죽습니다. 많이 도와주십쇼."

이로써 고관대작의 격려(?)로 마무리되었다. 회의가 끝나고, 고관대작과 이방 같은 졸개들은 지하철 타고 간다고 하면서 터덜터덜 걸어갔다. 훌륭하시다. 검소하고.

그런데 회의에 참여한 산업체 대표자들은 G바겐이나 TT, 베엠베 GT를 몰고 떠났다. 독일과 상관없는 산업 분야이지만 대표들은 모두 독일 차를 타고 떠났다.

나는 감탄했다. 아…저 사바사바는 예술이구나. 그리고 사바사바의 결과는 벤츠, 아우디, BMW였다. (물론 대표님들이 아부로 돈을 번 게 아니라 전문성과 실력일 것이다. 단지 그 분위기를 맞춰주는 실력은 어린 나이에 봤을 때 예술이었다.)

왜 아부를 사바사바라고 하면서, 왜 손바닥을 비빌까?

스시 중에 사바스시라고 있다. 고등어 초절임이다. 요새는 냉장 시스템이 잘 돼서 고등어회도 곧잘 먹지만, 보통 고등어는 죽으면 금방 비린내가 난다. 그래서 식초에 고등어를 살짝 절여 만든 스시가 사바스시이다. 고등어 초밥이다. 아…. 군침 돈다.

고등어를 일본말로 하면 사바이다.

뇌물로 매일매일 고등어를 윗사람의 집 문 앞에 갖다 놓았다 말이 있다. 윗사람은 싫다고 해도 고등어를 매일 아침 갖다 바쳤다. 그래서 고등어의 뜻으로 아부할 때 "사바사바"이다.

왜 손바닥을 비빌까?

여기서부터 기술이 아닌 예술이 나온다. 사바사바가 쉬운 게 아니다. 적성에 맞아야 하고, 팔자에 맞아야 한다. 그런데 사실 맞는 사람은 없다. 사람들 모두 다 대접받고 싶어 하지. 아부하고 고개를 조아리는 것은 쉽지 않다. 열 받는다. 솔직히 갑질하고 소리 질러도 참고 고개를 조아린다. 그러면 사바사바하는 사람도 사실 흥분되고 심장이 뛰면서 열 받는다. 그래서 감정 조절을 하기 위해 손바닥과 손바닥을 모은다. 그리고 비빈다. 손바닥의 신경계를 자극하여 마음을 다스리는 것이다.

마음을 다스리는 것이 명상이고 예술이라면 사바사바 하면서 손바닥을 비비는 행위가 명상이고 예술이다. 그래서 당신이 당신의 몸과 마음을 안정상태로 가기 위해서 평상시 무엇을 해야 하느냐. 차분히 앉아서 손바닥과 손바닥을 모은다. 그리고 가슴골 있는 부분으로 살포시, 하지만 힘 있게 꾸욱 눌러본다.

그리고 눈을 감는다. 그렇다 합장하는 자세이다. 마음의 명상을 가져다주고, 차분히 만드는 것이다.

나는 이런 자세로 눈을 감고 자주 앉아 있다. 길 가다가 성당에서 하기도 하고, 산에 가다 절에 가서 하기도 한다. 많은 책이나 기도도 중요하지만 바쁘면 그냥 지나간다. 그저 잠들기 전, 일어났을 때 3분 정도 기도를 하면 된다.

그렇다고 어떤 음해도 이겨낼…그 정도의 수련 레벨은 아니지만…….

자신의 마음이 단단해져야 상대방이 침범할 수 없다.

늘 기도하고 마음을 단단히 해야 한다. 그래야 다른 곳을 신경 쓰고 마음이 다른 곳에 있어도 내 중심은 늘 나를 지키고 있다. 이것이 사바사바의 예술에서 배운 기도의 방법이라고나 할까? 하하.

사실 나 역시 그렇다. 난 비빔면이나 짜장면도 비비지 않고 먹어. 누가 비벼줘야만 해. 그러니 회사에서 내가 잘 비비겠어?

감사실과 인사팀1)도 내 편이 아닌 이유

음해의 기술 - 차도살인

쓰리쿠션은 하수들이나 쓰는 것, 고수들은 아예 날리지 않는다.

차도살인(借刀殺人: 빌릴 차, 칼 도, 죽일 살, 사람 인)

보통 쓰리 쿠션 치거나 킬러 고용 때 빗대어서 쓴다.

"

하수들이 쓰는 방법으로 음해한답시고 남을 욕하고 비방하는 것이다.

차도살인은 내 손에 피를 묻히지 않고 남을 시켜 무언가를 음해하는 뜻으로 쓰이기도 한다. 일반적으로 회사에서는 '쓰리 쿠션 친다 '라는 말을 한다. 모든 사람이 알고 특히 회사원이라면 당연히 알 것이다. 쓰리 쿠션.

예를 들면 해고할 때 직접 해고하는 것이 아니라 조직경영 컨설팅을 하는 전문회사에게 의뢰한다. 거기에 나온 결과물을 가지고 사람을 해고하거나 부서를 정리하는 방법들이 있다. 물론 컨설팅 의뢰를 한 이유는 '해고의 그럴싸한 사유'를 찾아내는 것이다. 그러나 이것은 경영진이 쓰는 방법이지 일개 회사원이 쓰는 방법은 아니다.

하수들이 쓰는 방법이 음해한답시고 남을 욕하고 비방하는 것이다.

---

1) 인사부서는 전문 부서로 HR 담당자를 폄하하는 내용이 아님을 밝힌다. 또한, 감사부서는 전문 부서로 감사담당자를 폄하하는 내용이 아님을 밝힌다. 일부 그렇다는 것이다.

때로는 여론전을 한다는 것이다. 그러나 위험하다. 일단 당신도 누가 당신 욕을 하고 다니는 줄 알고 있다. 그렇다면 마찬가지이다. 상대방도 당신이 욕하고 다닌다는 것을 알고 있다. 그렇다면 더더욱 고립되고 말 뿐이다. 결과적으로 그저 당신과 친한 사람 몇 명과 만나서만 소주와 삼겹살, 담배로 떠들거나 하소연하는 나날들만 있을 뿐이다.

모두가 내 편이 아니다.

남이 부정한 일을 저질렀을 때는 당연히 정당히 비판과 제보, 투서 등이 필요하다. 그래야 조직이 건강하고 균형 잡힌 시각으로 발전한다. 이건 음해가 아니다. 정당하다. 조직마다 감사실이나 인사팀, 고충 위원회 등이 있다. 당연히 부정과 부패, 성희롱 등은 정당히 제보해야 한다. 그러나 당신이 그냥 기분 나쁜 일들, 예를 들면 그냥 내가 소외되고 승진도 안 되는 것에 대해서는 뭐라 할 수 없다. 그래도 상대방을 제압하고 싶은 기분은 모든 회사원이라면 한 번쯤 가져본 생각들이다.

그래서 감사실과 인사팀을 당신이 음해의 도구로 사용할 것인가? 회사 조직은 도구로 사용할 만큼 가볍고 간단하지 않다. 토르의 망치처럼 무겁다. 여기서 우리는 차도살인은 승전계에 있다는 것을 알아야 한다.

승전계라 함은 아군이 적군에 비해 유리할 때 쓰는 방법이다. 이 점을 알아야 한다. 즉 내가 이기고 있을 때 쓰는 전법이다. 프레임 구도도 마찬가지이다. 여론전을 하려 해도 힘이 없으면 오히려 프레임의 덫에 걸리고 만다.

즉, 어설프게 차도살인을 이해하는 때도 있다.

내가 힘도 없는 데 음해하고 조직세도 없는 데 험담하는 것은 위험하다. 누군가 나 대신 뒤통수 쳐주길 바라는 일은 더더욱 위험하다. 한편, 조직에서 감사팀과 인사팀에 제보를 통해서 일을 해결하려면 기나긴 싸움을 해야 한다. 당신이 옳음에도 불구하고 기나긴 싸움을 해야할 때는 해야 한다. 그러나 당신 편이 아닐 수도 있다.

왜냐면 이유는 다음과 같다.

1. 감사실도 조직의 구성원일 뿐 상당한 윤리적 교육을 받거나 단계별 시험을 거친 사람이 아닐 수 있다.

2. 인사팀도 조직의 구성원일 뿐 굉장한 조직 인사의 미래지향적이거나 시험을 거친 사람이 아닐 수 있다.

3. 감사실 또는 인사팀 직원도 다음 시즌 인사개편 때 다른 곳으로 옮기고 싶어서 할 수 있다.

4. 감사팀 인사팀 둘 다 아니 모두 다 조직에 잘 보여서 승진하고 싶어 한다.

5. 감사팀 인사팀 둘 다 경영진으로 달려가 대면보고 및 독대할 기회가 많다.

6. 그러다 보니 감사팀 인사팀 둘 다 조직의 대세에 따를 승산이 클 수도 있다.

7. 감사팀 인사팀 일반팀 역시 모두 시끄러운 것을 싫어한다. 조용히 넘어가는 것을 좋아할 수도 있다.

그래서 하나의 라인이 조직을 장악하면 발생하는 문제가 있다. 바로 감사팀과 인사팀을 활용해서 음해를 당한다. 이것은 공식적이기 때문에 치명적이다. 물론 다 그런 것은 아니다. 감사업무와 인사업무는 전문적이기 때문에 치밀한 시스템으로 돌아가고 있다. 일부 그런 회사가 있다는 것이다.

다만, 지금 이 글을 보는 사람은 조직에 힘이 없는 사람일 확률이 높다. 그래서 감사팀과 인사팀을 앞세워서 하나의 세력, 또는 조직 개인에게 치명타를 줄 수는 없다. 또한, 그 팀이 정부의 감사원이나 국정원하고는 다르다. 일개 조직의 구성원일 뿐이다. 당신이 정당하다고 생각해주지 않는다.

예를 들면 이런 거다.

본부장이 회사의 직인을 함부로 남용하려고 하였다. 그러자 밑에 있는 팀장이 거의 육탄방어로 말렸으나, 본부장은 회사의 직인을 함부로 사용하였다.

결국에는 감사팀은 직인 관리는 '팀장'이라는 규정을 찾아냈다. 그래서 오히려 직인 관리를 소홀히 한 팀장이 징계를 받는 상황에 처했다. 그러다가 주변 여론이 안 좋아지는 것을 의식해서 팀장은 다른 업무로 감사를 받고 '계약문제' 소홀로 징계를 받았다. 본부장의 직인 사용을 한 서류는 이미 파쇄한 상황이어서 그런 일이 "없다"로 결론 났다.

이게 바로 조직의 상식이다. 그 팀장은 회사를 시끄럽게 한 잘못을 했기 때문이다. 직제 규정상의 조직도 믿으면 안 된다. 당신이 쓸 도구를 찾아야 하는 것이 이런 이유이다. 그래서 길거리에 짱돌이라도 찾고 싶을 것이다. 방법은 많다. 국민위원회나 신문고 등등 온갖 곳에 억울함을 하소연하는 것이다. 물론 그것은 기나긴 싸움을 해야 한다. 내부에서 조용히 끝내려 해도 물론 길었다. 결국 나는 무엇을 남겼는가 생각하면 정말 슬프다……. 그 팀장이 나였기 때문이다. 외부에 글을 올리거나 어디에 투서를 넣지 않고 결과적으로 '평화롭게' 끝을 냈다. 물론 흉터는 오히려 나와 팀원들만 남았다.

그러나 정의를 위해 제보하고 투서하고 싸우는 것은 정당하다. 그럼으로써 그들에게 늘 힘을 주어야 한다.

다음 글은 차도살인을 쓰리 쿠션으로 이해하고 단순 험담을 하려고 할 때 스스로 생각해 본 글이다. 내가 무엇을 얻으려고 시기하고 험담하고 질투했던가…….

간절하게 바란다면 모든 것을 사용하라. 그렇다 그게 차도살인의 뜻이다[2],

그렇다. 정말 갈구하고 원하는 것이 무엇인가. 조직에서 힘이 있고 실력도 있다 하더라도 정말 원하는 것을 얻기는 힘들다. 그럴 때는 맨주먹으로는 안될 때가 있다. 라인을 쓰고 도구를 쓴다. 즉 차도살인, 칼을 빌려 험악한 일을 한다는 뜻도 있지만, 맨주먹으로 안 되면 도구라도 빌려서 써야 한다. 모든 수단과 방법을 써야 한다. 즉 안심하면 안 된다.

큰마음을 먹어야 한다.

마음을 크게 먹고 단단하게 먹어야 당신의 어두운 터널을 벗어날 수 있지 않을까?

---

2) 차도살인에 대한 해석은 "김성민" 중국어 선생님의 유튜브 채널 내용을 일부 인용하였다.

조직에서 모든 도구를 찾아보라. 또는 네트워크를 쌓고 회사 바깥에서 라인을 찾아볼 수도 있을 것이다. 또는 그 분야 전문가로 성장해서 나를 건들지 못하게 만들어 놓던가 해야 할 것이다.

모든 도구를 사용하고 수단을 찾아보라. 그래야 내가 조직에서 쓰러지지 않는다. 그렇게 해서 남을 욕하는 것이 아니라 나 자신의 성장을 위해 최선을 다해야 한다. 그것이 진정 음해가 아닐까 한다.

피곤하면 지는 것 - 회사원의 삶

음해의 기술 - 이일대로

내 직관을 기르는 법

> 이일대로(以逸待勞: 이로써 이, 편안할 일, 기다리다 대, 힘쓰고 노력할 노(로))
>
> 편안하게 쉼으로써 힘쓰는 것을 기다린다. 충분히 쉬다가 적들이 피곤하고 지친
> 틈을 노려 공격하는 승전계 방법이다.

"

직관을 기르는 법은 몸을 피곤하지 않게 하는 것이다.

길을 걷다가 또는 운전을 하다가 느낌이 싸할 때가 있다. 아 오늘은
이 길로 가지 말아야지. 그러나 몸도 찌뿌둥해서 그냥 가기로 했다. 결
국 교통사고가 났다.

  당신이 무언가를 시도했을 때, 또는 무언가를 할 때 시그널을 느낄
것이다. 그러나 그냥 시그널을 무시하곤 한다. 왜냐면 그냥이다. 이유
없다. 굳이 말하면 귀찮고 피곤하고 몸이 다시 움직이고 뇌가 다시 생
각하기 귀찮기 때문이다.

  결국, 직관과 직감을 느낄 수 있는 당신에게 필요한 것은 무엇일까?
바로 건강함이다. 피곤하면 당신이 느끼는 직관력과 직감을 무시해버린
다.

사실 무언가를 느끼고 방향을 튼다는 것은 굉장히 피곤하고 에너지가 많이 들어간다.

36계 병법에서도 나온다. 편안하게 쉰 쪽이 이기고 피곤한 쪽이 지는 법이다. 이일대로(以逸待勞)는 충분히 쉬다가 적들이 피곤하고 지친 틈을 노려 공격하는 승전계 방법이다. 즉 내가 피곤하고 지치고 스트레스받고 그래서 술 먹고 담배 피우면 공격의 빌미만 주게 된다.

병법에서는 당연히 병사가 충분히 쉬고, 충분히 먹으며 승리의 기세를 갖추는 것이 중요하다. 그래서 행군을 하고 진을 치는 것 자체가 싸우는 것보다 중요한 이유이기도 하다. 상대방에서 충분히 쉬고 진을 치고 있는데, 이제야 도착한 아군이 진을 치지도 않고 적군과 싸우면 승리를 담보하기 힘들다는 뜻이다.

손자병법에는 승리를 아는 다섯 가지 방법이 나와 있다. 손자병법 제3편 모공에서 나온 이야기를 살펴보면 다음과 같다.

1. 싸워야 할 때를 알고 싸우면 안 될 때를 아는 자는 승리한다.

2. 병력이 많고 적음에 따라 용병법을 아는 자는 승리한다.

3. 위와 아래 장수와 병사가 한마음이 되면 승리한다.

4. 준비하고 있으면서 준비하지 못한 적을 기다리는 자는 승리한다.

5. 장수가 유능하고 군주가 조종하려 들지 않으면 승리한다.

충분히 쉬어라. 그건 자기 자신을 위한 길이다.

자기 자신을 위해 충분히 쉰다는 것은 집에 콕 박혀있는 것과 다르다. 그리고 아무것도 하지 않고 방구석에서 컴퓨터만 하고 있다는 것은 쉬는 것이 아니다. 나가서 활동할 때는 활동하고 사람도 만나야 한다. 그러나 자기 자신을 위한 시간을 보내는 것도 꼭 필요하다.

나 스스로는 어땠을까.

그렇게 많은 시간을 보내면서 무척 바쁘게 살아왔다고 생각했는데 남는 것은 아무것도 없었다. 문득 나 자신을 위해 투자하는 시간이 없었다는 것을 알게 되었다. 그런데 개운의 방법과 악운 탈출의 묘책들에 대해 많은 책들이 말한다. 바로 나 자신을 위해 시간을 내라고 말이다.

가장 중요한 것은 내 몸을 사랑하는 것이다.

바로 내 몸에 투자하라. 시간을 내라.

자기 자신의 몸을 점검해 보라. 한번 써 보는 것도 좋다.

- 나는 만년 두통과 코막힘, 계절마다 감기를 달고 살았다.

- 두통과 편도선 부음에도 늘 담배를 피웠다.

- 감기에 자주 걸려도 과로와 과음을 자주 하여 몸의 면역력을 약화
  시켰다.

그러다가 어느날 어떤 할아버지에게 경락마사지를 꾸준히 받았다. 할아버지도 말씀하시길 자신을 위해 시간과 돈을 쓰라고 말했다. 석달 받고 나서 나의 만성 두통과 코막힘은 사라졌다. 허리 아픈 것도 사라

졌다. 그리고 새벽마다 요가를 다녔다. 요가를 다니면서 엄청나게 땀을 흘리면서 내 관절이 돌아가고 맞아간다는 느낌을 받았다. 그리고서는 나는 내 몸에게 진심으로 사과를 했다. 담배도 끊었다.

나는 내 몸에 말을 걸었다.

"미안해. 내가 널 돌보지 않아서."

현대인은 바쁘고 직장인은 시간을 내기 쉽지 않다. 그러나 시간을 내야 한다. 나의 몸을 돌봐야 한다. 그래야 당신의 직관력과 직감을 믿고 몸을 움직일 수 있기 때문이다.

내가 넘어졌을 때, 안 그런 척

음해의 기술 - 진화타겁

정면 공격 방법은 36계 어디에도 없다.

진화타겁(趁火打劫: 쫓아가는 진, 불 화, 때리고 타격하는 타, 겁주고 위협하는 겁)

상대의 위기를 틈타 공격한다. 기회가 오면 재빨리 공격에 임해야 한다.

"

36계는 정면으로 대응하는 것이 하나도 없다.

36계는 주로 간계, 간사한 계략에 해당된다고 한다. 어떻게 보면 36계의 병법을 공부한 사람을 보면 무섭다는 생각이 든다. 마찬가지로 삼국지를 세 번 이상 읽은 사람과 만나지 말라는 뜻과도 일맥상통한다. 늘 정면으로 대하지 않고 뒤에서 돌아 공격하는 전략이 많기 때문이다.

공격하는 방법 중 진화타겁이라는 말이 있다. 역시 바로 정면 공격을 하지 않는다. 상대가 위기에 빠졌을 때 그때를 공격하는 법이다. 단, 상대방이 위기가 빠졌을 때 재빨리 공격에 임해야 하는 게 포인트이다.

또 하나 중요한 것이 있다. 이기고 있을 때 쓰는 것이다. 공격 전술로 자신이 우위에 있을 때 쓰는 전략이다. 즉 승전계라는 카테고리에 있는 전략이다. 우위의 상황에서 상대방이 위기에 처할 때 공격하라는 말이다. 못 일어나도록 만들어 놓는 것이다.

사자도 호랑이도 큰 소나 큰 말을 공격하지 않는다. 사자는 무리에 이탈한 동물 즉, 늙거나 다쳤거나 해서 '방출'된 놈, 무리 이동에서 낙오된 놈을 공격한다. 사자가 힘이 세도 오히려 초원의 얼룩말의 발굽에 차이거나 들소 종류의 뿔에 치인다. 초식동물의 공격이 오히려 치명적이다. 그리고 하다못해 사자가 잘못 길을 들여 하이에나 떼에 들어간 경우도 있다. 그러면 하이에나 떼에게 물어 뜯긴다.

본인이 우위에 있을 때도 정면 공격은 피하는 것이다. 그리고 우위에 있지 않으면 적이 위기에 있을 때도 피하는 것이다.

또 다른 중국 고사에도 있듯이, 장군이 덕치를 해야 한다고 하면서 상대방이 위기에 빠졌을 때 공격하지 않는 경우도 있다. 그 이유는 상대가 힘들 때, 공격하면 군자의 도리가 아니라는 것이다. 물론 그런 경우는 패한다.

상대방이 위기에 처하면 함부로 나대고 공격을 할 때인가? 공격을 재빨리 해야 하는가? 그러나 만약 상대방이 회사 내에 메인스트림에 있고 나 자신은 아웃사이더 쪽이다. 나 혼자이다. 그래도 지금 상대방을 공격할 때인가? 그럴 때 다시 생각해 봐야 한다. 진화타겁은 우위에 있을 때 해야하기 때문이다.

반대로 자신이 위기에 처한 경우도 있다.

사실 자신이 처한 상황은 위기가 아니라 조건일 뿐이었다. 그런데 그 조건을 가지고 상대방은 약점으로 부풀려 제한을 걸어두는 것이다. 예를 들면 직장 내에 계약직이 아닌 무기계약직인 경우가 있다. 정규직의 월급과 처우와 똑같다. 다만 서류의 형태만 그럴 경우가 있다. 회사 내에서 정규직 인원 관리 때문에 그렇게 할 수 있다.

그런데 무기계약직으로 스카우트되고 일찍 승진되는 경우도 있다. 하지만 무기'계약직'이 약점이 될 수 있다. 그런데 회사내부에서 지침과 규정을 바꿔서 '계약직' 승진의 제한을 걸어두는 것이다. 3년 있으면 승진할 것을 10년으로 만들어 두는 경우이다. 이런 것은 기러기의 날개를 꺾어 집에서 키우는 것과 같다. 이렇게 상대방은 그런 약점을 위기로 규정하고 공격하는 것이다.

내가 위기에 처했을 때는 정신을 바로 차려야 한다. 문제는 내가 싸움에 우위에 있지 않을 때다.

그래서 자신이 넘어져 울면서 일어나려고 하거나, 혼자 싸우려면 안된다. 넘어져서 아파도 괜찮은 척 일어나야 한다. 악물고…. 아님 여러 방법으로 이 위기탈출을 고민해야 한다. 당분간 위기상황을 피하고 있거나 남의 손을 잡고 일어나야 한다. 남의 손을 어떻게 잡을지도 병법에 나온다.

그래서 내가 위기에 있을 때 공격하지 못하도록 대처해야 한다. 위기상황임을 보여서는 안된다.

마지막으로 넘어져서 너무 아프면 손을 내미는 것이다. 누군가 반드시 도와주고 일으켜 세워주고 응급차를 불러줄 사람은 있다. 반드시 있다. 손을 내미는 것도 용기이다.

용기를 가지면 된다.

아침의 바나나 4개에 좋아하는 내 모습

음해의 기술 - 성동격서

원숭이들은 바나나를 아침에 3개 받아서 화를 냈다. 그래서 4개로 바꾸고 저녁에는 하나를 줄이기로 했다. 그러더니 원숭이들은 좋아 했다.

> 성동격서(聲東擊西 : SOUND 또는, 소리, 성악가 할 때 성, 동대문, 동쪽의 동, 때리다 또는 격파할 때 격, 서쪽의 서) 동쪽에서 시끄럽게 소리를 내고 실제로는 서쪽을 타격하는 것이다.

"

흥분하면 내가 화나는 본질을 잊어버리게 된다. 엄한 곳에 분풀이하지 말자.

성동격서라는 말이 있다. 소리 성에 동쪽 동자이다. 동쪽에서 소리를 내고, 서쪽에 격퇴를 가한다는 뜻이다. 즉 다른 쪽으로 시선을 돌리고 이득을 취하는 경우이다.

회사에서 깜짝 발표나 전격 발탁이 있다. 의외의 직원이 승진된다. 그럼 사무실에서는 모두들 호들갑이다. 이것은 논란거리를 준다. 그러나 이런 사이에 메인스트림, 회사 주류들은 은근슬쩍 묻어서 승진할 거 승진한다.

보통 이런 경우 직원들은 중요한 포인트를 찾지 못한다. 위에서 예를 든 것처럼, 기대하지 않았던 직원의 전격 발탁과 깜짝 승진에 질투한다. 그리고 나 자신의 승진 누락에 분노한다. 그뿐이다. 정작 회사의 메인스트림의 은근한 승진은 논란거리도 아니고 질투의 대상도 안 되는 것이다. 논란은 '성동'의 형태이고, '격서'는 정작 주류 자신들은 이득을 챙기는 것이다. 진정한 음해의 기술이다.

그렇다. 정작 나는 "메인스트림은 왜 지들만 빨리 승진하는 거야?"라고 항의를 하는 것도 잊어먹고 깜짝 발탁된 인사들만 욕하게 된다. 부러움과 질투가 섞이며 말이다.

이게 조삼모사 이야기와는 같지는 않지만 유사한 점이 있다.

원숭이들이 항의한다. 왜 아침에는 바나나를 세 개 주고, 저녁에는 네 개를 주는 거야 항의를 한다. 모두 네 개를 달라는 게 핵심이다. 그러나 곧 잊어버린다. 아침에 바나나를 네 개 주는 대신 저녁에 세 개 주는 것에 합의한다. 본질을 잃어버린다. 왜냐면 흥분했기 때문이다.

그리고 성동격서는 이기고 있을 때, 유리할 때 쓰는 것이다.

힘이 없는 경우, 동쪽에서 소리를 내다가 서쪽까지 못 가고 깨지게 된다. 그리고 소리를 낸 동쪽도 깨진다. 힘을 동과 서로 나누어 버렸기 때문이다. 성동격서는 함부로 쓰는 게 아니다. 소리를 내고 시끄러운 것은 상당히 위험하기 때문이다.

풍자, 추성훈, 김성근 감독, 난 마이너라 푸념한 것을 반성

음해의 기술 - 무중생유

너는 변명할 수 있지만, 나는 말할 기회도 시간도 없었어

무중생유(無中生有: 없을 무, 중간 또는 상황 중, 생길 생, 있을 유)

무에서 유를 창조하는 것이다.

"

계속 한판승으로 이겼는데, 왜 국가 대표가 안 되었는지 모르겠어요.

기억한다. 한판승으로 예선부터 본선까지 이긴 청년 유도생의 이야기였다. 굉장히 억울해하면서, 결국 석연찮은 이유로 국가 대표에 탈락한 사람의 인터뷰 영상이었다. 청년은 굉장히 억울한 눈빛으로 방송에서 인터뷰를 했었다.

인터뷰의 주인공은 누굴까?

알고 보니 나중에 섹시야마, 태극기와 일장기를 두 개 붙인 추성훈이었다. 그의 청춘은 어땠을까? 일본에서는 조센징으로, 한국에서는 쪽발이로 여겨졌을까?

그 후 추성훈은 일본에서 성공했다. 난 추성훈을 보면 그의 젊은 시절, 억울한 표정으로 인터뷰한 얼굴이 자꾸 떠오른다. 그런데 자신의 양국의 밸런스를 잘 맞추어 한일 양국에서 활발히 활동해서 보기 좋았다.

인기 유튜버 풍자는?

풍자는 말해 뭐 해. 트랜스젠더는 정말 마이너이다. 일할 곳이 한정적이다. 그러니 '거친 곳'에서 일하면서 여기까지 온 게 대단하다. 생각해 보자. 트랜스젠더인데, 동사무소에서 일할 수 있어 아니면 학교 선생님이 될 수 있어. 없다. 마이너인데 그렇게 성공해서 너무나 대단하다. 최근 할머니들도 풍자를 다 아신다. 유튜브로 이미 나보다 먼저 아셨다. 오히려 그분들이 풍자 좋아하신다.

김성근 감독님은 정말…80세가 넘어서도 스타

최강야구에서 꾸준히 야구를 하신다. 대단하다. 김성근 감독님도 재일교포다. 한국 프로야구 초기에는 재일 교포 선수들이 한국으로 상당히 많이 들어 왔다. 그때는 일본이 세계 2위 경제 대국이었다. 지금도 그렇지만 야구는 굉장한 실력을 갖고 있다. 그래서 야구 잘하는 재일 교포 선수들이 한국에 많이 진출했다.

프로야구 개막 초…. 그때 시기는 어땠을까. 한국은 겨우 개발도상국을 벗어났던 시기이다. 경제 대국 2위인 일본 사람들은 개발도상국 한국인을 얼마나 차별했을까.

그래서 말씀하셨다. 감독님께서는…

"

잘못되면 우리에게는 변명도 설명도 할 기회를 주지 않았다. 그래서
늘 열심히 해야 해.

그런데 지금 나의 모습은?

그렇다. 김감독님도 추성훈도 풍자도 마이너라고 푸념하지 않고, 이겨내고 버텨낸 것이다. 그런데 나는. 내 책임이 아니라고 변명하고 설명하기만 바빴다. 변명만 하고 책임을 회피한 내가 부끄러웠다.

어둡기 때문에 새벽 별을 보고 떠나는 거야

음해의 기술 - 암도진창

별을 본다는 것은 떠나라는 뜻이야. 별자리는 시간과 공간을 설명하는 것이거든

암도진창(暗渡陈仓 : 어두울 암, 건널 도, 땅이름의 진창, 펼진, 창고 창) 정면이 아닌 몰래 우회해서 진창으로 건너간다는 뜻. 몰래 어둡고 험한 길을 선택해서 재빨리 들어가 적을 공격하는 전술

"

어두운 새벽 별을 보고 동방박사는 예수님이 태어난 곳을 찾아갔던 것이고, 신라 경주에 머물던 서역의 왕자는 모래사막과 오아시스가 있는 고향으로 돌아갈 수 있었을 거야. 그리고 유럽에 있던 발해-고구려 출신의 몽골 장군도 별을 보고 다시 칭기즈칸이 있던 곳으로 돌아갈 수 있었지.

뭘 해도 안 될 때가 있다. 직장 상사든지 아니면 집안일이 그러던지, 또는 개인적인 일로 어두워질 수가 있다. 이것은 누구의 음해가 아니라 자기 일일 수 있다.

자신의 길이 어둡다고 느껴질 때, 그때가 가만히 나의 길을 모색하고 새로운 나의 모습을 찾기 위해 준비해야 할 때인 것 같아.

인생 살다 보면, 사회생활 하다 보면 내가 잘 못 한 것 하나 없는데도 안될 때가 있다. 본인이 잘못한 거 하나 없는 데 말이다. 정말 이

렇게 일이 안 될 수 있나 할 것이다. 여러 가지 예가 있지 않은가.

"고가의 장비 대여 사업을 기분 좋게 시작했는데, 장비를 임대한 사람이 사고로 죽었어. 난 그냥 빌려준 그것밖에 없는 데도 이런저런 사고가 나는 거야. 빌려준 장비도 고장 났고 손해배상 청구할 사람도 사라져서 사업을 접었지."

"퇴사 후에 대형 버스 하나 장만하고, 또 멋진 피자집을 시작했는데 코로나가 터져서 관광도 안 가고, 피자 먹으러도 안 와. 그리고 금리는 고금리여서 운영비 외에 이자만으로도 감당이 안 돼."

"회사에서 열심히 즐겁게 일을 했는데 임금은 밀리고 회사는 파산했어."

"회사는 승승장구했지만 직원이 횡령해서 내 임금은 몇 달 동안 못 받았어."

"엄마랑 작은 카스테라 빵집 차렸는데, TV에서 대만카스테라 버터가 아닌 식용유 쓴다고 해서 갑자기 망했어. 식용유는 유해한 것도 아니지만, 전국적으로 카스테라 집이 망하게 됐어."

"우연히 경찰이 업소에 단속을 나갔는데 단속업체 수첩에 당신 이름이 발견되었고, 소량의 접대한 내용이 적혀있었어. 딴 사람도 똑같이 먹었는데 하필 그 수첩에는 내 이름이 적혀있던 거야. 그래서 회사에서 잘렸지. 평탄한 공무원 인생이 어그러지는 순간이었지. 결국, 회사 잘려서 치킨집 차리다 망하고, 이혼당했지. 지금은 스트레스로 탈모와 이빨이 빠진 채로 쪽방촌 작은 방에 살아가."

모두 실화다. 문제는 이 모든 게 당신의 삶에도 닥칠 수 있는 거다.

우울한가…?

위의 사례처럼 심각한 것은 아니지만 그래도 당신에게 새벽 별 보기를 권할게. 물론 새벽 별을 보려고 일찍 일어나라는 소리는 아냐. 모닝미라클 같은 거 그거라도 하면 좋지만.

그저 우리는 조금 힘들 뿐, 위의 일어난 직장인들처럼 심각하지 않을 수는 있구나. 하는 마음으로 스스로를 다독거려 봐

직장상사나 동료와 문제가 있을 경우, 승진에 탈락하는 경우, 본부와 팀에서 이상하게 왕따 당하는 경우. 하던 일들이 잘 안 되는 경우가 있어. 내가 지금 어두운 시기에 있다는 것은, 그건 자신의 길을 다시 찾아가 보라는 신의 선물이야. 자신의 인생이 어두워도 어둡기 때문에 별을 볼 수 있어.

별을 본다는 것은 떠나라는 뜻이야. 별자리는 시간과 공간을 설명하는 것이거든

내가 어디에 있고 어디까지 갈 수 있는 방향을 설명해 주는 게 별이야. 다시 말하면 어둡다는 것은 별을 보라는 곳이고, 이제 새벽 별을 보고 일찍 떠나라는 말이야. 그런데 그 길은 똑바르지 않을 거야. 울퉁불퉁하고 더럽고 우회하는 길이라 삥 돌아가는 느낌일 수 있어. 그래도 가야지. 꼭 이직, 퇴사 이런 게 아닐 수 있어. 새로운 모습으로 변하라는 것이지. 새롭게 운동을 할 수 있고 아니면 학교에 다닐 수도 있는 거지. 아니면 소블리에 자격증을 따는 것이거나.

난? 어두울 때 뭐 했냐고? 바다에서 스노클링을 즐겼지. 아무 생각 없이.

강한 자는 사실 당신이었어

음해의 기술 - 격안관화

세상의 강자, 메인스트림, 주류는 바로 너였어

격안관화(隔岸觀火:사이 또는 격차할 때 격, 언덕 안, 관망하고 구경할 관, 불 화)

강 건너 불 구경. 적에게 내분이 일어날 때 관망하다가 적이 망할 때 공격하는 전략
이다. 스스로 자책하지 말고 조급해할 필요가 없다. 상대방이 분열할 때까지 기다려
보자

❝

**두더지가 세상에서 너무나 약한 존재 같아서, 세상에 제일 강한 존재
를 만나고 싶어 했다.**

원래는 두더지인데, 어떤 동화책에는 번역과정에서 쥐라고 했다고
하네요. 어떤 책은 다람쥐로 본 것 같고. 이 이야기는 11세기경 인도
자료에 기록되어 있고, 우리는 어머 어머 숙종 때 기록이 되어있다네
요

제목은 "두더지의 사위 찾기", 내용은 두더지가 사윗감을 구하기 위
해 가장 강한 것을 찾으려고 했다. 누굴까? 신은 해와 달을 추천해 주
었다.

해와 달은 자신을 가릴 수 있는 구름이라고 했고

구름은 바람 한 방에 흩어질 수 있으니 바람이고 했다.

바람은 아무리 불어도 끄떡없는 밭 위에 있는 작은 돌부처라고 했다.

돌부처는 자신의 발밑을 다니며 자신을 넘어뜨리는 두더지가 제일 강하다고 했다. 결국, 두더저 자신이 제일 강하다.

그런데 우리는 자신을 믿지 못하고 스스로 불안하고 조급해서 우왕좌왕하기 일쑤이다. 마음속의 흔들림은 내게 내분 또는 전쟁이 일어난 것과 같다. 그런 모습을 상대방은 그저 강 건너 불구경할 수도 있다. 나 스스로 지치고 쓰러질 때 상대방이 오히려 내게 공격할 수 있다.

지난번 친구랑 내가 다니던 회사에 관해 이야기했다. 친구는 내 회사의 CEO를 잘 안다고 했다. 이런저런 이야기를 하다가 내가 승진하고, CEO의 가장 관심 있어 하는 부서에 내가 발령 날 것이라고 이야기했다. 여러 이야기를 하다 보니….

친구는 내게 말했다. "너 회사에서 정말 잘 나가는구나"

아…. 그런가…. 그렇구나. 말을 해보고 정리를 해보니 그랬다.

그러더니 뭐가 억울해서 블로그에 '음해의 기술'을 쓴다는 말인가. 그런데 친구는 음해의 기술을 계속 써달라고 부탁했다. 재밌다며…. 직장인으로서….

아니…. 음해의 기술은 늘 말했지만 '음해를 막고 견뎌내고 자존감을 찾아가는 직장인의 기술'이라고 했지 않았던가. 스스로 친구의 대화 속에 내가 얼마나 중요했던 사람인지 알게 되었다.

당신도 그렇지 않은가?

일단, 아르바이트이든 뭐든, 사회에 나가서 일하는 것 자체가 주류 아닌가. 게다가 한국은 경제 규모가 10위권 내외의 사회이다. 그런 어마한 경제시장에서 당신이 일하는 것이다.

한국에서 사는 당신도 대단하다. 한국 콘텐츠, 한국 가요(번역하면 케이 팝)와 드라마 인기도 좋고. 핸드폰부터 선박제조 기술은 전 세계적으로 날린다. 그런 산업구조에서 일하는 것 자체가 주류라고 생각한다.

주류회사에 다녀도 주류이고…. 쩝

안 해줄 거면 머리를 조아리고, 해줄 거면 땍땍거리고

음해의 기술 - 소리장도

**그냥 편하게 활짝 웃어라. 행복해서 웃는 게 아니라 웃어서
행복한거다.**

> 소리장도(笑裏藏刀: 미소 소, 속 안에 리, 숨기다 장, 칼 도)
>
> 미소 안에 칼을 숨겨 놓는다는 것이다. 부드럽고 웃는 얼굴을 통해 상대방의 긴장
> 을 덜어내고, 방심했을 때 공격하는 병법이다.

66

**안 해줄 거면 공손하고 친절하라. 그리고 나이를 막론하고 지위를 막
론하고 무조건 고개를 조아려라.**

보통 업무상 우리 부서로 도움을 청하는 경쟁 부서나 사이 나쁜 부서
들이 있다. 어쩔 수 없이 업무상 경쟁 부서에게도 서로 지원해 줄 때
가 있다. 이럴 때 어떻게 대할까? 나의 본부장을 기억해 보았다.

이때 그는 아주 있는 생색 없는 생색을 다 낸다. 온 회사가 다 안다.
그리고 지금 '그 부서'를 돕고 있다고 상부에 항상 보고한다. 이렇게 "
우리는 부서 간 협력을 위해 우리 본부는 힘을 다하고, 다른 부서와
유대관계가 좋다며……"

그리고는 본부장은 정작 경쟁 부서의 담당자에게는 엄청 땍땍거리고

딱딱하게 군다. 반대로 어쩔 수 없이 안 해줄 거면 공손하고 친절하게 군다. 본부장은 거절할 상대방에게 나이를 막론하고 지위를 막론하고 무조건 고개를 조아리며 "미안하다. 해주고 싶지만 피치 못할 사정이 있어서 못한다", "너무나 죄송하다." 고개를 조아리고 송구스러운 듯이 말한. 지위가 낮은 친구에게도 그렇게 한다. 나중에 다가올 보복을 막기 위함이다.

그렇다. 슬프지만, 친절과 미소에 넘어가지 말라. 요새는 화를 내는 사람도 없다. 원만해서 그런 걸까? 아니다. 고발하는 인터넷 시스템과 폭로하는 SNS 시스템이 회사 내에도 존재하기 때문이다. 또한, 회사에 관해 이야기하는 각종 앱이 있기 때문이다. 그래서 앞에서 웃고, 뒤로는 익명으로 고발할 수 있다. 그리고 팀 회의 때마다 모두가 녹음한다. 몰래 하는 예도 있다. 물론 공개적으로 팀 지시사항이나 해야 할 일들, 체크 사항이 많을 때 녹음을 하기도 한다. 또는 줌 회의 때 녹화를 하기도 한다. 덕분에 과거의 부당한 조직문화가 조금씩 개선되었다. 반대로 종일 서로 의심하고 감시하는 분위기가 존재하는 회사나 부서도 있다, 모든 개인이 CCTV로 감시받는 느낌이 든다.

사실 웃음 속에 칼을 숨기고 있다는 말이 있다. 그런데 그 웃음은 얼굴에 보톡스 넣은 다음 날, 어색하게 웃는 것과 비슷하다. 어색하기 때문이다. 역시, 당신도 화내지 마라. 슬프지만 친절과 미소로 가면을 쓰자.

사실 행복을 위해서는 정말 활짝 웃는 것과 진실로 미소를 보이는 친절과 배려는 중요하다. 그런데 왜 우리가 돈을 버는가? 조직 생활에 왜 있는가? 내가 행복하기 위해서다. 그냥 편하게 하고 활짝 웃으라. 친절하게 대하라. 자신의 행복을 달아가며 억지로 가면을 쓸 필요는 없다. 그러나 나도 가면을 억지로 썼다. 억지로 적응을 하려다 보니 그런 것 같다. 그러다 보니 괜히 삐뚤어진다.

　나의 경우는 웃는 법을 퇴사하고 배웠다. 크게 웃고 즐겁게 웃고 행복해서 웃는 것이다. 물론 퇴사 후 통장을 보면 마냥 웃을 수만은 없지만 말이다. 그래도 활짝 웃는다. 얼굴 근육이 풀렸다. 그리고 사람들에게 친절하다. 별로 해코지하는 사람도 없고, 아쉬운 것도 없기에 서로 친절하고 배려를 할 수 있다. 그것이 또 비즈니스상에서 협력으로 돌아온다. 사업상 이득이 없어도 나는 친절을 베풀었으니 스스로 뿌듯하다.

행복하다. 웃으면 복이 온다. 그래서 정말 활짝 웃으면 된다.

애들 놀이터처럼, 작은 상처가 생겨도 더 놀고 떠들기

음해의 기술 - 이대도강

대화에 상처를 받아도 되고, 싸워도 된다.

이대도강(李代桃畺 : 오얏나무 이, 대신할 대, 복숭아 도, 넘어질 강) 오얏나무가 복숭아 나무 대신에 쓰러진다. 작은 손실, 작은 패배가 결국에는 큰 결과를 가져올 수 있다.

"

어린이 놀이터는 아이들 무릎이 까지고 피가 나도 괜찮게 만들어야 한다. 그리고 놀이기구는 총천연색보다는 자연소재의 색이 좋다.

한국에 있는 어린이 놀이터는 총천연색, 원색 계열 놀이기구로 구성되어 있다. 게다가 바닥은 폴리우레탄으로 푹신하다. 왜일까? 아이들이 넘어져도 안전하기 위함이다.

그런데 이번 제목에는 무릎이 까져도 괜찮다니 무슨 말일까?

아이들 놀이터의 기구는 무채색이나 자연소재로 만든 색 그대로 여야 하는 게 좋다. 왜냐면 그래야 사물을 정확히 인식하기 때문이다. 그래서 어린아이가 직접 상상으로 색을 만드는 것이다. 왜냐면 다채로운 색은 놀이기구 주변부가 담당한다. 놀이터 주변에 보이는 하늘과 꽃, 나무들이 계절마다 변화무쌍한 칼라를 선보이기 때문이다.

바닥은 모래나 나무껍질 등 자연소재가 좋다. 넘어져서 살짝 까져도 괜찮다. 그러면서 아이들은 위험을 컨트롤 할 수 있는 능력을 배우게 된다. '넘어지면 무르팍이 까지는구나!' 이러면서 말이다.

놀이터 바닥은 예전에 뉴스에도 나왔다. 어린이들이 흙바닥에 놀면 세균에 감염되기 쉽다고 말이다. 모래 소독도 안 했다는 등…. 뭐 이리 심각하게 말이다. 결국 아파트 놀이터 바닥은 모두 폴리우레탄이다. 결국, 아이들은 면역력 약화, 폴리우레탄 먼짓가루 흡입이라는 결과를 갖게 된다. 흙먼지보다 심각한 것은 플라스틱 가루인 폴리우레탄 가루이다.

놀이터 바닥이 흙이나 나무껍질로 푹신하게 되었으면, 넘어져도 괜찮다. 물론 작은 상처는 날 것이다. 놀이터에 넘어진다는 것은 아프고, 피가 난다는 것 그리고 그것이 별거 아니라는 것을 아이들은 배워나가는 것이다. 스스로 위험에 대처하고, 스스로 일어나는 법을 배우기 때문이다.

만약 놀이터에서 아이들이 놀다가 벌에 쏘이면 부모들은 어떻게 할까? 아마 월남전에 밀림 밭을 없애버렸던 고엽제를 뿌리지 않는 게 다행일까. DDT나 살충제, 제초제를 뿌렸을 것이다. 벌도 없애고, 벌들이 못 오게 꽃을 죽여버리면 되니까. 좀 심한 상상이긴 하다.

사실 아이들은 벌에 쏘이면서 아픔도 알게 된다. 그리고 벌이 왜 쏘는지도 알게 되고, 벌이 집단을 지키기 위해 목숨을 바친다는 것도 알게 된다. 벌은 대신 사람을 쏘면 바로 죽게 되니까 말이다.

우리도 그렇게 성장하고 있다. 사회와 조직, 회사에서 작은 생채기 나고 넘어지기도 한다. 그래도 대화는 해야 한다. 왜냐면 사회 구성체 속에 살기 때문이다. 그래서 대화를 두려워하면 안 된다. 대화에 상처를 받아도 되고 싸워도 된다. 대화하려다 보니 상처받고 상처를 주게 된다. 어쩔 수 없다. 일하다 보면 그럴 수 있다.

그런데 상처를 안 받으려고 메신저나 문자로 하는 경우가 종종 있다. 그럼에도 메신저나 문자로 상처받는다. 또는 외롭다. 감정을 이모티콘으로 대신할 뿐, 문장과 발성으로 감정으로 전달하는 법에는 서투를 수 있다. 얼굴 표정도 굳어간다.

최근 사무실에는 대화보다는 메시지를 활용한다. 그리고 회사에 건의하거나 부당한 점은 다양한 소통 시스템으로 해결한다. 간편한 문장 작성으로 건의할 수 있다. 이러한 시스템 덕분에 권위에 대항할 수 있는 소통기능이 강화됐다. 그리고 실제로 많은 긍정적인 효과들이 생겨났다. 그 외에 요새 사내 시스템과 별개로 외부 앱으로도 잘 되어있어서 익명으로 올린다.

그런데 그게 가끔은 감정의 하수구처럼 되는 경우가 있다.

나 역시 고민했다. 어떻게 대화를 해야 하는 건가? 그런데 세상은 간단히 자판으로만 되는 건 쉽지 않다. 자판 워리어나 좌표 찍기 등으로만 해결되지는 않는다. 실제로 해결해야겠다고 마음을 먹으면 몸으로 더 부딪히고, 상처를 더 받기도 한다.

그러나 대화를 해야 한다. 왜냐면 사람은 커뮤니케이션을 통해 존재한다. 커뮤니케이션의 실수, 오작동, 왜곡으로 내가 상대방의 의미를 잘못 해석해서 때로는 마음의 상처를 받을 수 있다.

한번은 이런 일이 있었다.

나 역시 굳게 마음을 먹고, 상사의 부당한 일을 안 하기로 마음먹었다. 안 해야겠다고 마음먹은 것이다. 왜냐면 결국 사후에 내가 다 뒤집어쓰고 고생하기 때문이다.

마음을 먹은 어떤 날, 결국 상사의 부당한 일이 또 생겨났다. 그러나 그게 대화가 쉽게 되지 않았다. 고성이 오가고 난리가 났다. 물론 난 고성을 지르지는 않았다. 하지만 상사의 일을 거부했다. 회사 직인을 함부로 찍는 것은 아니기 때문이다. 그런데 나는 그뿐, 그것을 가지고 어디 인터넷 자료에 올리거나 회사 시스템에 고발할 생각은 없었다.

그러나 소문은 나고, 젊은 사원이 감사실로 연락을 한 것 같다.

결과적으로, 난 다른 이유로 보복 징계를 먹고 나를 따라준 직원들은 지방으로 발령이 났다. 부당한 것으로 생각한 신입직원들의 '댓글'은 그냥 묻혔다.

난 예상된 결과여서 이상할 것도 없었다. 상사는 요새 직원들이 자신을 따돌림 시키고, 그동안 직원들이 업무가 태만하다고 나를 감사실에 '고발'했기 때문이다. 계약 건도 독자적으로 처리한 것들을 다 찾아서 고발했다. 내가 독자적으로 한 것이 아니라 충분히 보고했던 것들인데 서류만 내 전결 사항인 것들이었다.

나는 한 달 동안 특별감사를 받았다. 회사의 직인을 남용하여 찍은 사람은 '상사'지만, '직인을 관리하지 못한' 거는 내 잘못이라는 무슨 말도 안 되는 '죄명'을 내가 받았다. 물론 감사실 스스로도 말이 안 되는지 이것은 철회하고, 다른 것으로 나를 특별감사를 했다.

육탄으로 상사의 직인 남용을 막은 두 명의 직원은 내가 있는 곳보다 더 멀리 발령났다. 나는 계약문제와 다른 건으로 주의와 징계를 먹었다. 보직을 내려놓지 않은 게 다행이라는 소리만 들었다. 그 후, 그렇게 간단히 스르르 모든 일이 조용하게 되었다.

그동안 난 골초였다. 전자담배는 무슨, 담배는 연초지 하며 마초기질이 있는 것처럼 행세했다. 어느 날 회사 옥상에서 나는 담배를 피다가 맑은 하늘을 바라보았다. 그리고 바로 담배를 끊었다. 정신을 차리기 위함이었다. 그리고 앞으로 글을 쓰기로 마음을 먹었다.

내가 졌을까? 아니 내 행동을 후회하지는 않는다. 그때 내가 미친개처럼 더 깽판을 치지 못한 게 후회될 뿐, 그것도 커뮤니케이션이니까.

그래도 정신을 차리고 나의 앞날과 사명에 대해 깨닫게 된 날이었다. 정신 못 차리고 조직 욕이나 하면 결국 내가 더 혼돈에 빠질 것 같았다. 혼돈에 빠지고 어리바리하면 공격당하기 쉽다. 그래서 옥상에서 마지막 담배를 끈 후, 한 번도 입에 대지 않았다.

정신을 맑게 하고, 글을 쓰기 위함이었다. 작가가 되야지.

어쨌든 대화하는 것, 커뮤니케이션을 두려워하지 말자. 그래야 건강하고 내 마음도 건강해진다. 놀이터에 놀다가 상처 날 수 있다. 팔에 생긴 간단한 상처는 그저 쓱 혀로 한번 닦자. 그리고 다시 신나게 노는 아이들처럼 말이다. 그렇게 아이들이 성장하듯 우리도 그렇게 성장해 간다. 그저 조금 상처 났다고 울고 집에 가서 엄마를 찾아버리면, 놀이터에서 친구들과 노는 소중한 시간을 잃게 된다.

자존감과 평정심? 열등감과 우월감 사이 롤러코스터

음해의 기술 - 순수견양

마음의 **평균값을** 찾아야 한다.

> 순수견양(順手牽羊 : 순순히 할 순, 손 수, 견인하고 이끌 견, sheep, lamb 양)
> 전투 중이나 난리 통이더라도 기회를 봐서 상대방의 양을 슬쩍 한 마리라도 훔쳐
> 와야 한다는 것이다. 뭐든 했으면 하나라도 건져야 한다.

66

어째 소인이 마음의 밸런스를 맞추고 중용의 도를 논하랴. 그냥 하고
싶은 것을 하고, 욕할 것 소리 질러라

당연히 밸런스는 중요하다. 모든 것이 잔잔한 바다처럼 균형이 중요
하다. 다 안다. 중요한 것은…. 그런데 그게 쉽지 않다. 평정심을 갖기
힘들다. 그렇다. 소인이 마음의 밸런스를 맞추고 중용의 도를 논하랴.
그냥 하고 싶은 것을 하고, 욕할 것 소리 질러라. 우리는 군자도 아니
고 대인배가 아니기 때문이다.

열 받을 때는 욱하고 소리 지르는 게 우리 중생들의 삶이다. 어찌
평정심을 갖는가. 그러나 욱하고 소리 지르고 열 받을 때가 건강할 때
다.

어떤 큰 일이나 싸울만한 열받은 일이 있을 때, 그 당시에는 막상 열 받지 않을 때도 있다. 나중에 이부자리에 누워서 스멀스멀 열 받을 뿐이지.

그런데 열 받고 소리 지르고 욱할 때 내가 뭘 얻을 수 있을지는 생각해야 한다. 세 가지일 수 있다.

    1. 그냥 소리 질러 기분 푼다.

    2. 감정을 끝까지 간다. 상대방을 제압한다.

    3. 통제불능, 나도 모르게 감정이 나온다.

여러분은 위의 세가지 중 어떤 것인가? 그 이후에 내가 감당할 것은 없는가. 소리를 지르고 화를 내는 건 좋다. 그리고 분이 풀리지 않아 술을 먹고, 홧김에 비싼 물건이나 명품을 구입할 수 있다. 이럴 때는 내가 "홧김에" " 시발 비용 지불"을 할 때 내가 뭘 얻을지는 정리해 볼 필요가 있다. 뭘 하나 하더라도 내가 뭘 얻을지 어떤 의미가 있는지 한번 생각해 봐야 한다. 얻은 게 뭐지라고 생각이 들 때, 꺼내드는 게 바로 마음의 평정심이다.

즉, 화를 내고 얻을 게 없다면 다시 마음의 밸런스를 찾아야 한다. 즉, 마음의 평균값을 찾아야 한다. 그리고 사회는 평균값을 원한다. 물론 우리 사회에서는 평균값, 또는 중간값을 갖기 원한다.

예를 들면 겨울의 롱패딩이다. 겨울날 지하철 봐봐. 옷이 검은색, 회색, 흰색. 아마 평균값을 내면 회색 값으로 검은색과 흰색의 중간값을 낼 수 있을 것이다. 모두가 평균값을 잘 내고 있다.

문제는 그래서 빨간색 파카나 형광 녹색계열의 옷을 입은 사람이나 노란색 재킷을 입은 사람이 없다. 딱 중간값만 갖고 있다. 블랙과 그레이, 흰색이 아니면 짙은 파란색(일명 감색), 짙은 밤색 정도(할머니 밍크색)이다. 중고등학교 학원 앞에만 가면 아예 색이 없다. 모두가 중간값을 내어 살고 있다. 모두가 드러나지 않고 숨어서 묻어가려고 하는 것이다. 여러분의 조직이 그것을 원하는 조직이라면, 마음의 평균값을 어떻게 내어야 하는지 생각해 볼 필요도 있다.

옛날에도 마음의 밸런스를 맞추어 살라고 했다. 그게 중용이다.

"중간, 힘들어. 우리 같은 중생들이 마음을 어떻게 밸런스를 맞추겠어."

중용을 아는가? 얼마나 중요하냐면 예전 학문의 기본인 사서삼경이라고 있다. 4가지의 책과 3가지의 경전이다. 3경은 시경 서경 역경. 4가지 책은 논어(공자), 맹자, 대학, 그리고 중용이다. 중용은 말 그대로 밸런스를 지켜 도를 행하고 예를 다하는 책이다. 물론 대학 때 공부(도 안했지만)한 것 다 까먹었긴 했다. 밸런스가 얼마나 중요한지 사서삼경 중 중용이 포함되어 있다는 것만 기억한다.

물론 정말 화가 나지만 감정을 숨겨야 할 때도 있다.

답은 모두 내 안에 있다. 해결방법을 안다. 마음의 평정을 찾고 명상을 해야 한다는 것. 종교를 가져보라는 것, 운동을 하라는 것. 대나무로 둘러싸인 나무집에 차분히 녹차를 마시며 나를 돌아보며 평정심을 찾아야 한다는 것은 다 알고 있다. 누가 모르나? 바빠서 그렇지.

명상? 그거 잡생각이 나서 못 한다. 졸립다.

그런데 잡생각이 나는 게 명상이고, 그것을 받아들여야 한다, 한편으로 요가를 권하긴 한다. 그건 명상이나 참선이 아니다. 요가를 한다면 하타요가를 권한다.

나의 경우, 나중에서 고양이와 함께 하타요가를 하시는 남자 선생님에게 요가를 배웠다. 요가를 하면 정말 잡생각이 사라진다. 왜냐면 한 시간 거의 기합받고 오기 때문이다. 너무 힘들어서 잡생각이 날 틈이 없다. 하고 나면 내 근육과 관절이 오징어가 된다. 명상은 그런 것이다. 사실 요가를 권한다.

우리는 어쩌면 평정심을 잘 모를 수 있다. 내 안에는 극도의 열등감과 극도의 우월감이 공존하기 때문이다. 우월감이 높다는 것, 열등감이 높다는 것은 자존감이 큰 사람과 비슷해 보인다.

그런데 이런 마음은 긍정적으로 볼 수 있다. 스스로 자신이 있기 때문이다. 그러나 우월감 높은 사람이 갑자기 우월감이 낮아 지면 어떻게 될까? 바로 그만큼 열등감이 높아간다. 배 아프고 열 받는다. 때로는 열등감이 높다는 것은 자존감이 낮은 사람과 비슷해 보인다. 그런데 열등감은 반대로 발전의 원동력이 될 수 있다. 끓는 열등감이 상승할 수 있으니까.

다만, 잘못된 열등감은 뒷담화, 질투, 음해가 동반된다. 뒷담화 그리고 질투, 음해는 발전의 추동력이 될 수는 없다. 왜냐면 내가 올라가는 게 중요한 게 아니고 남을 끌어내리는 게 핵심이기 때문이다.

그래서 필요한 게 자존감이다.

마음이 평정치 못하고 도를 닦지 못해 매일 매일 열등감과 우월감의 출렁임을 느낄 수 있다. 그런데 감정의 출렁임이 있으니 인간 아냐?

그래서 출렁이는 열등감과 자존감 하락에…. 신문에 나오 듯이 죽을 필요는 없다. 자신을 학대할 필요도 없다. 오피스에서 억울한 일 당하고 속상해도 자신을 학대하면 안 된다.

난 이런 경우, 오피스에 앉아서 혼자 중얼 거린다. 어쩌면 이 말을 징기스칸 스스로에게 했을 말일지도 모른다.

강해져야지.

우린 광활한 초원에서부터 왔잖아.

초원의 제 1법칙 알지?

"무조건 살아남자."

잽도 공격이다. 참지 마라.

음해의 기술-타초경사

가벼운 잽도 그냥 웃으면 안 돼. 잽도 공격이야. 적극적으로 붙어

타초경사(打草驚蛇 : 때릴 타, 풀 초, 경기 일으키는 경, 뱀사)

풀밭에 풀을 쳐서 뱀을 놀라게 하는 뜻이다. 독사에 물리기 전에 뱀이 아닌 풀을
이리저리 쳐내는 것이다. 그러면 뱀이 놀라 지레 도망갈 수 있다.

"

참으면 화병, 뱉으면 업이 된다

타초경사라는 말이 있다. 풀을 툭툭 쳐서 뱀을 놀라게 하기도 하고, 그 뱀 때문에 상대방을 놀라게 하는 것이다. 평소에 자주 살살 약 오르게 만드는 음해의 기술이기도 하다.

일명 잽을 날리는 것이다. 권투시합 때 큰 펀치보다는 가볍게 툭툭 쳐보는 것이다. 상대방의 간을 보는 행동을 할 때 쓰기도 한다. 상대방은 계속 잽, 잽을 날릴 수 있다. 큰 거 한방이 아니라서 뭐라 할 수 없고, 도발하면 정면대응이라도 할 텐데 계속 잽을 날려 가만히 참을 수밖에 없다. 그래서 그동안 잽만 맞고 그래도 참았다. 그러다 어느 날, 가벼운 잽이 나의 분노 게이지가 갑자기 올라가서 화를 내는 경우가 있다. 주변 사람은 뜨악하다. 주변 사람의 반응은 아래와 같다.

"아니 이 정도에 일로 당신은 그렇게 화를 내는 사람이었나?"

그렇다. 가랑비에 옷 젖는다. 가벼운 잽만 맞다 보면 쓰러질 수 있다. 또는 참다가 어쩌다 감정을 표출하는 게 남들 보기에는 뜬금없이 화를 내는 것이다.

화는 참으면 안에서 화가 끓는다. 속이 끓는다. 위장에서 위산이 어떻게 흘러나오는지 느낄 정도로 스트레스를 받을 수 있다. 그러나 시끄럽게 화를 쏟아 내면 업이 된다. 불교에서 말한 대로, 내 인생에 또 해결해야 할 업이 하나 새로 생긴다. 그래서 애초에 화를 만들지 말고, 스트레스 관리를 하라고 모든 책에 나와 있다.

그러나 그게 쉽게 될까? 열 받는 이 마음 누가 알아줄까…. 그렇게까지 이해하지 않으면, 화를 내면 그게 또 나에게 스트레스로 돌아온다. 화를 내서 화가 풀렸나? 또 관계 찜찜해지고 회사에서 소문만 무성해진다. 괜히 직장 상사에 불리어 간다.

상대방이 가벼운 잽을 날려서 화가 나면 어떻게 하나? 36계에서 타초경사는 공전계, 즉 싸움 중에 일이다. 전쟁을 준비하기 전이나 후가 아니다. 작은 뱀 하나 휙 지나가지만 이건 징조이다. 누군가 나를 공격해 올 것이다.

그래서 상대가 잽을 날리는 것에 대해 가볍게 여기면 안 된다.

사무실에는 기본적으로 잽을 맞을 만한 일을 하면 안된다. 문서작성 한 서류 한 번 더 보고, 숫자 한 번 더 체크해야 하고, 근태관리나 기타 회사의 지침에 신경을 써야 한다. 제길…. 신경 써봤자 안된다. 그렇다면 그냥 살아라.

또한 자신 있게 살고 어깨 펴고, 팔자걸음을 고치고 당당히 걸어라. 그래야 가벼운 잽도 하루살이들 윙윙 날아가는 느낌일 것이다. 한번씩 씨익 웃고, "너의 잽은 안 아파"라는 파동을 계속 보내라. 그래도 계속 상대방이 잽을 날리면 공격 신호이다. 바로 대응해야 한다. 아까 말한 대로 타초경사는 병법에서도 전투 중의 전략이다. 공격 전이나 공격 후가 아니다.

그리고 제일 쓸데없는 생각, 가능성 없는 생각은 아래와 같다.

"너 나한테 한 방에 날라가. 두고보자."

잽을 날릴 때 주의할 점이 있다. 풀을 때려 뱀이 돌아다니게 하여 상대방을 괴롭히는 작전이다. 풀을 툭툭 쳐서 뱀을 놀라게 하여, 그 뱀 때문에 상대방을 놀라게 하는 것이다.

하지만 괜히 어설프게 하면 풀을 때려 뱀을 놀라게 하면 결국 자신의 발이 뱀에게 물린다. 어설프게 상대방에게 잽을 날리고 놀라게 하려고 하지 말라. 오히려 뱀에게 물린다.

잘생긴 거지가 밥을 얻어먹는다.

음해의 기술 - 차시환혼

씻고 다녀라

차시환혼(借尸還魂 : 차용하다 또는 빌리다의 차, 시체 시, 환승역 할 때 또는 돌아오다의 환, 영혼 혼)

시체를 빌려 영혼을 부른다. 죽지 않은 척하는 것. 제갈공명이 죽었어도 몸에 의자를 묶어 행진하자 적군이 도망갔다는 이야기도 있다. 책략을 위해서는 시체도 이용하는 법, 그리고 죽었어도 죽지 않은 척, 없어도 있는 척하는 법

"

엄마가 그랬어. 나 보고 씻고 좀 다니라고.

잘생긴 거지가 밥을 얻어 먹는다면서…… 옷도 잘 입으라고

그렇다, 잘 생긴 거지가 밥을 얻어 먹는 다의 교훈은 "세수가 중요하다."라는 말이다. 이것은 허세와 다르다. 당장 BMW5 시리즈 이상으로 차를 바꾸고, 가방을 루이뷔통이나 프라다로 바꾸는 것하고는 다르다. 물론 돈이 있다면 그렇게 하고, 없으면 잠시 멈추어야 한다.

한국이 허세가 좀 있긴 하다. 세계적 명차 BMW의 3시리즈를 우습게 보면서 유행한 말이 있었다. 3시리즈는 "강남 게이의 차"라고 말이다. 차와 성 소수자를 폄하하는 말 같았다. 사실 이 뜻은 차와 성소수자를 조롱하는 것은 아니다. 그저 한국에서는 BMW 타려면 시리즈 5 이상은 돼야 한다는 것이다. BMW 차의 시리즈 숫자가 높을수록 가격이 비싸진다. 하지만 이 차의 정체성과 전통은 3시리즈에 있다. 이런

훌륭한 차를 '카푸어의 차'라는 유튜브 내용도 있고, 기사 제목도 "맥 못 춘 BMW 3⋯." 이런 식이다. 이런 최고의 차를 말이다. 골목길 좁고 주차장 좁은 한국에서는 이 정도 크기만 해도 훌륭하다.

그나저나 돈이 있는 기준이 무엇이냐? 다음 달 할부에 BMW 캐피털 대출금과 프라다 가방 산 카드값 걱정 없으면 된다. 저축을 줄이지 않는 정도면 돈이 있는 것이다.

그렇다면 세수하고 깨끗하게 다닌다는 것은 무엇인가?

그건 허세가 아니다. 오히려 허세가 필요 없고, 내 안의 자존감이 있으므로 아쉬워하지 않는 것이다. 그냥 없어도 아쉬워하지 않고, 나한테 올 게 안 왔어도 조급하지 않은 것이다.

사실 직장 내에서는 이런 거 어렵다. 뭐 하나 손해 보면 부들부들 떤다.

그런 사항이 올 땐 허리를 꼿꼿이 세우고 자세를 바르게 하고, 표정에 미동이 없이 해맑게 유지하는 것이 좋다. 승진에서 빠져도 아쉬운 척할 필요 없다. 집에 돈이 많아서 승진이 필요 없는 걸까? 라고 주위에서 오해해도 좋으니 마음의 평정을 유지하는 게 좋다.

예를 들면 승진 떨어지고 인사고과가 안 좋아도 자신이 시체처럼 퀭하게 다니고 표정은 나라 잃은 억울함으로 다니면 안 된다. 술과 담배로 찌들어 보일 수 있다. 그러면 더 우습게 보고 꼴좋다고 주위에서 본인을 더 고소해 할 수도 있다. 최근 젊은 층은 헬스장을 자주 가고, 회식 참가 대신 운동을 대신하여 건강한 모습을 보이고 있다. 그렇게, 세수도 잘하고 운동도 잘하도록 자신을 가꾸는 게 필요하다.

인사평가에 무슨 업적을 봐. 이름 석 자만 보고 정하지

음해의 기술 - 조호리산

첫 출근길에 사전과 서류가 벽돌처럼 날아다녔다.

조호리산(調虎離山 : 픽업, 고를 조, 호랑이 호, 이별 또는 떠날 리, 뫼 산)

호랑이를 유인하여 산으로 나오게 하여 싸우는 방법이다. 상대방이 유리한 곳에 싸우지 않고 자신이 유리한 지형으로 전투를 벌이는 것이다.

"

인사평가, KPI평가를 무슨 서류를 확인하고 업적을 읽어 봐···.

이름 석 자만 보면 결과가 나오지 (내 머릿속 기억에 있는 〈본부장의 명언 집〉 중 일부 발췌)

이 말은 두 가지 의미를 담고 있다.

먼저, 인사평가는 계량적 정량적 평가보다는 평판 평가가 더 중요하다는 것이다. 실제로 외국에는 평판 평가를 많이 사용한다고 들었다. 이것은 대기업 신입사원의 경우도 그렇고, 언론사도 마찬가지이다.

신입사원 워크숍에서 이미 인물이 출중한 친구가 있다. 저 친구는 임원까지 가겠구나 또는 언론사의 경우, 저 친구는 최소한 편집국장까지는 가겠구나가 보인다는 것이다. 무슨 관상이나 그런 게 아니라 누가 봐도 알 수 있는거다. 또한, 이것은 많은 비슷비슷한 업무 실적 중에서도 출중한 업무 성과와 전문성, 실력을 갖추면 회사의 라인이나 연줄과 상관없이 인정을 받을 수 있다는 뜻이기도 하다.

두 번째로는 인사평가에서 아무리 잘 났다고 떠들어 대도 남이 평가를 해주는 것이다.

그래서 아무리 업적보고를 많이 쓰고, 실적을 정확히 쓰거나, 또는 부풀려 써도 그 수많은 업무 기록을 일일이 보지는 않는다는 것이다. 이름 석 자만 보고 정하는 것이다. 여기서 단점은 그 이름 석 자가 우리의 라인인지, 메인스트림인지, 귀공자 그룹 또는 공주 그룹, 황태자 그룹 인지를 보고 판단한다는 것이다.

그런데 슬픈 건, 대부분 두 번째에 해당된다.

업적평가, KPI의 결과는 직원들이 다 알고 있다. 그래서 기분 나쁘다. 나를 돼지고기 껍데기에 찍힌 청록색 도장처럼 취급하는가. 왜 평가를 하는가. 그것 자체가 평가가 기분 나쁠 수 있다. 남이 하는 게 평가이다. 이건 음해가 아니라 평가일 수 있고, 자신은 정당한 평가가 아닌 음해라고 생각한다.

그래서 평가 기준이 뭐냐? 평가 시스템이 어떻게 되냐. 평가 수치와 계산이 맞냐는 둥 인사팀으로 항의를 하는 경우도 많다. 우는 놈 떡하나 더 준다고 항의하면 다음에 더 잘 받을 수도 있을 것이다. 과연?

이 기회에 자신을 냉정하게 돌아보기는 해야 한다. 무얼까? 진실로 자신을 돌아보고 체크해 보자. 과연 라인을 못 잡아서 밀렸을까? 으음…. 나는 내 경우는……. 잘 모르겠다.

"첫 출근 날 사무실에 사전과 서류가 벽돌처럼 날아다녔다."

정확한 문장은 아니지만 내가 기억하는 내용이었다. 예전에 LG전자 프랑스 지사에 일하던 사람의 책을 읽어본 적이 있었다. 일본 전자 회사의 프랑스 지사로 있다가 한국기업으로 스카우트된 사람이다. 이 사람이 처음 출근할 때 기억한 한국 사무실의 풍경이었다. (책 제목은 '한국인은 미쳤다'. 저자는 에리크 쉬르데주, 2003년부터 약 10여 년간 LG전자 프랑스 법인에서 일함)

물론 20여 년 전이다. 사무실 풍경은 대기업이든 외국이든 고성이 오갔고, 서류가 날아다녔다. 그리고 윗사람이 출타하면 모든 전력을 거기에 맞추어야 하는 풍경을 꼬집은 책이 있었다. 또한, 프랑스 사람의 시선으로 평가를 등급으로 매기는 것도 낯설어 했다. 우리는 어릴 때부터 반장 부반장, 잘 사는 집 못 사는 집 순으로 나열되어 자라왔다. 그래서 평가를 받는 게 낯설지 않았다.

고등학교 때는 아예 교무실 복도 쪽에 전교 석차가 나열되어 발표했었다. 난 그런 학교에 다녔다. 갑자기 급부상하는 아이들도 있었고, 학기 초반 상층부에 있다가 나락으로 가는 아이들도 있었다. 그런 친구는 딱 두부류였다. 사립초등학교 출신으로 그 약발이 다 한 친구, 또 하나는 똑똑한데 가정형편 상 성적이 떨어진 친구로 나뉘었다. 어쨌든 평가의 레이스는 만천하에 공개된 세상에 살았었다.

우리는 그렇게 살았다. 줄 서고 나열하고 앞뒤부터 정하고 보는 시대를 살았다. 그렇다면 평가는 무엇인가. 더 잘하려고 하는 것이고 더 보상받고 인정받고 싶은 게 있다. 그런데 이상하게 자신의 평가는 늘 하위권이다. 그럼에도 꾸준히 자신의 능력을 인정하고 조직의 중간치로 충실히 살아가는 것도 방법이다. 사실 이게 제일 힘들고 너무나 맞는 말일 수 있다. 그렇기 때문에 대한민국 직장인에게는 박수와 위로를 보내주어야 한다.

또 하나의 방법은 내가 유리한 지형을 선점하는 것이다. 그것은 내가 잘하고 좋아하고 유리한 지점을 차지하는 것이다. 그래야 내가 유리하게 경쟁을 펼칠 수 있기 때문이다. 그래야 내가 하위권에서 탈출하기 때문이다.

예를 들면 대나무숲 속에 숨어있는 호랑이와 싸운다면 내가 질 것이다. 그래서 오히려 산으로 내려오게 하여 평야 벌판에서 싸우는 편이 내가 유리하다. 그래서 산보다는 평야가 좋다. 마찬가지로 부서를 바꾸거나 이직을 하거나 창업을 하거나 하는 방법이 있다. 또 하나 마인드를 바꾸는 것도 방법이다. 어떻게 바꾸냐고?

"나의 능력을 인정하고 조직의 중간치로 충실히 살아가는 것이다. 아니, 중간치가 아니라 난 나중을 위해 잠시 조용히 지내고 있는 사람이다.

여기 허접한 풀밭에 있을 내가 아니야. 난 늑대이기에 내가 유리한 곳으로 갈 거야. 난 어머니의 숲으로 갈 거야. 첨단과 신기술로 무장한 로마군대를 어머니의 숲으로 유인하여 싹쓸이한 야만인 게르만의 어느 부족처럼….

사표를 낼 것인가? 진단 테스트를 해보자.

음해의 기술 - 육금고종

모든 결정은 나 스스로 하는 것이다.

> 욕금고종(欲擒故縱 : 하고 싶은 것 또는 욕구의 욕, 잡아들이고 감금할 금, 고로코롬 또는 먼저 고, 놓아줄 종)
>
> 작은 것에 충실하고 큰 것을 얻기 위해서 일부러 풀어준다.

"

내가 36계로 이기는 게 아니라 단순히 36계로 당한다.

온갖 음해의 기술들이 판치는데, 내가 그 기술을 익혀도 사실 소용이 없다. 36계는 모두 정면돌파가 없다. 사실 술수다. 대부분 내가 36계로 이기는 게 아니라 단순히 36계로 당한다. 책을 읽어보니 더욱 그렇다.

사회에서 어떻게 할까? 우리는 어떻게 살아남아야 할까?

어떻게 보면 무조건 싸우고 악바리처럼 하고, 시끄럽고 소란스러워야 이기는 것 같다. 왜냐면 밀어줄 빽도 상사도 동료도 없을 땐 그렇다. 근데 소심한 우리로는 그게 쉽지 않다. 소리를 지르기도 쉽지 않다. 그리고 뒤통수도 많이 맞는다.

그렇다면 회사에서 갖가지 술수를 견딜 수 없으면 어떻게 해야 할까? 또는 적성에 맞지 않으면 어쩔까? 여기저기 살펴보니 다음 다섯가지 덕목으로 요약할 수있다.

1. 힘을 기름 (육체와 마인드 둘 다)

2. 공부하거나 대학원을 가거나 자격증 취득

3. 이직을 위해 이력서를 하루에 하나씩 제출

4. 창업

5. 저녁에 부업

그래도 위이의 다섯가지는 몰래 해야 한다. 그때까지 참고 견뎌야 한다. 표정도 드러내선 안 된다. 그런데 회사생활에서 야근하고 신경쓰면 사실 쉽지 않다.

그렇다면 내가 사표낼 때가 언제인가? 자기 진단 테스트를 해보자. 아래 문항 8문제 중 7개가 Yes로 선택되면 회사를 그만두어도 된다. Yes가 6개 이하면 회사에 다녀라.

사표 낼 시기(타이밍) 진단 테스트

1. 주식 및 부동산 급등으로 돈이 갑자기 많아졌다.

2. 로또 또는 유산으로 돈이 갑자기 많아졌다.

3. 부수입 또는 파이프라인을 구축한 부업(side job) 수입이 월급을 넘는다.

4. 새롭게 창업을 했다.

5. 다른 직장으로 스카우트됐다.

6. 세계 여행 또는 봉사하는 삶을 살기로 했다.

7. 퇴사 후 미친 듯이 책 읽고 책을 써보기로 했다.

8. 나는 IT업계에 종사해서 기술력을 갖고 있다.

어떤가? 7개가 Yes인가? 참고로 위에 8번째 문항은 당시 프로그래머가 없어서 인기있을 때 였다. 현재 흐름에 맞게 인기있는 기술종목이라고 생각하면 된다. 대부분 8개에서 7개가 No일 것이다.

사실 위의 테스트는 아무런 의미가 없을 수 있다. '결정이 맞을지 설문조사를 실시했다.', '지나가는 행인 백 명에게 물었다.', '점장이에게 물어봤다.', '설문조사 결과 100% 응답, 표준편차~'..이런 말 의미없다. 내가 나갈 것인가 안 나갈 것인가는 내가 정하는 것이다.

특히 불황이 시작되고, 나이가 어느 정도 차면 모두가 선뜻 "네가 힘들면 그만두어도 돼."라는 말을 해주기 쉽지 않다.

다시 한번 테스트를 해보자. 이번에는 당신이 회사를 다녀야 하는 이유에 대한 진단 테스트이다. 23개 문항 중 하나만 Yes로 선택해도 다녀야 한다. 하나도 선택되지 않으면 퇴사를 고려해도 좋다.

- 그만두지 않아야 하는 이유에 대해 체크하시오.

1. 모은 돈 없다.

2. 60세까지 정년이 보장된다.

3. 부장 직위가 있다.

4. 6개월 후 승진하기로 했다.

5. 회사 내에서 전문가적인 이미지가 있다.

6. 월급이 많은 건 아니지만 적지는 않다.

7. 노동강도가 심하지 않고 복지가 좋다.

8. 숨어있어도 된다, 회사 안에서

9. 아무도 그만두라는 사람은 없다.

10. 회사 인지도가 낮지는 않다.

11. 사무환경이 쾌적하다.

12. 사회적 지위도 낮은 것은 아니다.

13. 국가와 사회에 이바지하는 바가 크다고 생각한다.

14. 대충 비위 맞추며 살면 편하다.

15. 다들 술 좋아하니 저녁에는 늘 파티와 회식이다.

16. 그만두면 갈 데가 없다.

17. 나이가 많아서 이직이 쉽지 않다.

18. 공기업 경력은 경쟁력이 떨어진다. 이직이 쉽지 않다.

19. 약간 갑의 지위여서 을의 창업 환경이 안 맞다.

20. 회사의 배경으로 사람들이 나를 갑으로 인정할 뿐이다.

21. 나가면 아무도 안 쳐다본다.

22. 팬대만 굴렸지 기술 하나 없다.

23. 형광등도 갈지 못해 기술 하나 없어 행정직이 적합하다.

여러분은 어떻게 나왔을 까? 사실 위의 테스트도 소용없다. 누구에게 물어봐도 마찬가지이다. 결정은 스스로가 하는 것이다. 다만 위의 문항은 테스트가 아니라 내가 회사를 다니는 여러 가지 이유를 나열한 것 뿐이다, 스스로 많은 이유를 대는 것이다.

물론, 기분으로 그만 두어도 안되고, 무작정 그만 두면 안된다. 작은 것에 연연해서 내 인생의 큰 항로를 잃어버리는 건 아닌가. 내 항로가 어디로 가야 할지를 파악해야 할 때이다. 큰 항로를 그려놓고 다음의 길을 모색해 보는 것이다.

회식 안 간다고? 아니 넌 부르지도 않아

음해의 기술 - 포전인옥

술자리 회식의 기술

> **포전인옥(抛塼引玉 : 던질 포, 벽돌 전, 끌어당길 인, 구슬 옥)**
>
> 벽돌을 던져서 옥을 얻는 것이다. 작은 것은 주고 좋은 것을 획득하는 것이다. 모든 투자법이 그렇고 사냥법이 그런 거 아닌가? 얻기 위해서는 무언가 나의 것을 내놓아야 하니까

"

집에 일정이 있어서 회식에 참여를 못 한다고 전했습니다.

굉장히 "커버 쳐주고, 위해서 해주는 말" 같지만, 이것도 음해다. 왜냐면 회식 일정 자체를 알리지 않았으니까. 알았어도 회식에 안 가려했지만, 문제는 나한테 회식이 있다는 사실을 알리지 않는 것이다. 물론 '불참 원인'을 따로 윗분들에게 누군가는 이렇게 보고한다. "집에 일이 있다면서 회식에 못 온다고 합니다."

보통 요새 에세이나 캠페인을 보면 '직장 회식에 안 가도 된다'라는 내용이 많다. 회식은 정말 다양한 이유와 다양한 상황 때문에 멤버들이 참가하고 불참한다. 쿨하게 가면 가고 안 가면 안 가는 것이지…. 요새는 그런 분위기이다.

그리고 요새 회사 분위기가 예전처럼 강요하거나 그러지도 않는다. 예전엔 보통 4차 정도까지 가야 하는 데 그렇지도 않다. 옛날에는 야근 아니면 회식이니 지긋지긋하긴 했다.

물론, 회식도 회식 나름이다. 필요가 있기도 하다. 예전에 유퀴즈라는 프로그램에서 팀장님이 말씀하신 게 있다.

"술 못 먹는 데 승진 가능성이 있냐고요…? 글쎄."

물론, 출연하신 팀장의 기업은 소주 회사니 당연하긴 하다. 유 퀴즈 MC 유재석도 술을 못 먹는다. 그런데도 탑이 됐다. 술을 못 먹은 거지 회식에 빠진 건 아니다. 그리고 지금은 탑이니까 회식의 의무는 없다. 그런 거다. 이런 분위기는 해외도 그런가 보다.

미국드라마 '뉴스룸'에서 국장이 젊은 뉴스 PD에게 술 한잔하자고 했다. 그러나 PD는 못 간다고 했다. 그러자 국장은 이렇게 말한다. "에이 젊은것들은…." 그리고 다음 컷은 젊은 피디들이 자기 스태프와 술을 먹는다.

예전 나의 CEO와 회식자리가 생각난다. 그 술자리에는 음해의 언어가 없었다. 그 CEO는 술을 너무 좋아하셨다. 정말 너무 좋아하고 너무 많이 먹는다. 그런데 두 가지가 있다.

1. 술을 많이 먹어야 하니 안주가 좋아야 한다. 안주를 든든히 먹어라. 그리고 맛있는 안주여야 한다.

2. 즐거워야 한다. 늘 웃는다.

그런데 중요한 슬로건이 있다.

"술자리에서 술만, 대화는 사무실에서."

나는 어릴 땐 몰랐는데 지금 이 내용이 아주 중요하다고 생각한다. 왜냐면 회식은 쓸데없는 회사 걱정, 옆 본부나 부서 걱정한다. 걱정은 곧 험담으로 연결된다.

그런데 그 CEO는 "술집에서는 술만"이라는 슬로건으로 남 이야기, 모략과 음해 같은 대화는 원천적으로 봉쇄한다. 어차피 그런 정보는 공식적으로 보고서에 올라오는 거니까 술자리에서 괜히 들을 필요가 없기 때문이다. 그러다 보니 술자리가 즐겁고 음침하지 않다.

반대로 부장인 당신이 회식하자고 한다면? 그렇다면 팀원들은 한 번쯤 생각해 본다. 아래와 같다.

0. 승진 시즌 또는 평가 시즌이 다가오는가?

1. 당신이 사원들의 급여나 승진에 관여할 정도로 파워가 있는가?

2. 다음 조직개편 때도 직원들의 이동을 제한 또는 방출 등에 관여할 파워가 있는가?

3. 부서원과 부서원을 평등하게 대하고, 때로는 경쟁을 붙이는가?

4. 부서원들이 좋아하고 먹고 싶은 음식을 먹는가?

5. 거래처 또는 상급 부서/지위 사람과 먹는가?

위의 여섯 가지에 따라 다르다. 여기에 해당되지 않으면 사원들은 회식에 갈 필요를 못 느낀다. 예전에는 무조건 갔다. 지금의 부장은 젊은 시절 무조건 갔다. 그런데 지금은 아니다. 만약 많은 팀원이 안 간다면 당신이 부장으로서 회사의 파워와 입지를 고려해 볼 필요가 있다.

그래도 젊은 친구들도 술 좋아한다. 젊은 친구들도 회식 좋아한다. 그리고 승진과 인사에 관여된 일이라면 간다. 그런데 꼭 그런 것만은 아니다.

젊은 친구들도 그 정도는 안다. 어리다고 개인주의가 있는 건 아니다. 조직과 전체를 아는 친구도 있기도 하고, 꼭 이기적인 이유로만 가는 것도 아니다. 그래도 사원들은 자기 개인 시간을 쪼개서 회식에 참여하기도 하다. 그건 일종의 투자다, 큰 것을 얻기 위해서는 작은 것을 내놓아야 하기 때문이다.

그나저나 나는 어떤 회식을 좋아하는가. 이건 지극히 개인적이다. 나는 술자리에서 제일 많이 듣는 말이 있다.

"사람이 좋다. 이런 오붓한 술자리가 좋다."

나는 별로. 나는 회식에서 순위가 다르다. 1순위는 음식, 2순위는 술 종류이다. 사람은 3순위 또는 해당하지 않는다. 그냥 맛있는 게 있으면 좋다. 그것뿐이다. 물론 그래서 친구가 별로 없는 건가…

사실 말은 그렇게 해도 회사직원들과 어울리는 데 중요하고 친밀감을 높이는 데 중요하긴 하다. 가끔 부탁해야 할 부서 사람과 친근하게 되는 기회도 생긴다. 무엇보다 회식은 내 돈 쓰지 않고 맛있는 것을 먹고, 계절 음식을 맛볼 기회가 있다. 게다가 다양하게 먹을 수 있다.

예전에 내가 좋아하는 메뉴의 점심을 먹다가 갑자기 본부장이 내게 소리를 지른 적이 있다. 즐거운 점심인데 본부장이 나를 보더니 흥분한 거다. 그 본부장은 나를 평상시에 별로 안 좋아하고 별일 아닌 일에도 소리를 지른다. 그날도 그랬다. 아무것도 아니었다. 그날 음식은 신선한 돼지고기로 만든 김치찌개였다. 정말 고기가 많이 들어간다. 그 날 또는 전날 도축한 고기이기 때문에 신선하다.

나는 밥을 정말 맛있게 먹고 있었다. 밥을 씹으며 본부장의 소리를 들었다. 돼지고기가 있는 김치찌개를 퍼먹으며 본부장을 바라보았다. 김치찌개는 여전히 맛있었다. 난 밥을 씹으며 "알겠습니다."라고 했다. 한 공기 다 먹었다.

점심 이후에 내 옆에 있던 과장이 내게 말했다.

"멘탈 갑!!! 어떻게 그 상황에서 밥이 먹혀요?"

나는 대답했다.

"난 맛있는 것만 생각해서 딴소리는 안 들렸어."

선비(장수)는, 죽일 수 있어도 욕보이면 안 된다

음해의 기술 −금적금왕

죽으면 죽지 창피하지는 말자

> 금적금왕(擒賊擒王 : 감금하고 사로잡을 금, 적군 적, 잡을 금, 왕 왕)
>
> 적을 잡으려면 우두머리부터 잡아들인다.

66

선비는 죽이되 욕을 보이면 안 된다. 장수도 마찬가지이다.

이 말은 우리가 제거할 수 있는 힘을 갖고 있을 때이다. 그러나 그 힘을 갖고 있을 때 정작 지나치는 말이다. 그런데 보통 "스스로 죽으면 죽지 창피하지 말자"라고 생각한다. 그럴 때 쓰는 말이 아니라, 내가 "장수를 죽이는 힘을 갖고 있지만, 죽일 장수를 사람들 앞에 욕보이지 말자"라는 뜻이라는 것이다.

보통 일상에서는 이런 말은 많이 들어보았을 것이다.

"우리가 돈이 없지 가오가 없냐"

"죽으면 죽지 쪽팔리지는 말자"

이런 말들이 있다. 이럴 땐 스스로 당당하게 살자 뭐 그런 뜻이다.

"우리가 돈이 없지 가오가 없냐"는 작고하신 강수연 배우의 말이었기도 하다. 최근 넷플릭스의 '정이'에 출연하였고, 영화 '씨받이'로 베니스 국제영화제로 최우수 여배우상을 받은 강수연 배우. 한국 영화의 간판 같은 존재다. 그런 분이 부산국제영화제 집행위원장 하면서 여러모로 힘들었지만 그래도 국제 영화제를 준비하시면서 하신 "말씀"이란 것을 들었다.

어쨌든 보통 우리가 살면서 죽을 땐 죽더라도 좀 당당하게 살자는 의미로 말을 많이 한다. 그러나 서두에서 말했듯이 죽일 때도 똑같다. 적장의 장수라던가 선비를 단칼에 죽일 수 있다. 한 번에 없애버릴 수 있다.

그러나 왜 조조가 관우에게 지극정성 대접했을까 생각해 보지 않을 수 없다. 아무리 적지에서 잡아들인 선비와 장수더라도 함부로 욕을 보이지 말아야 한다. 적으로 만나면 적으로 대하면 되지만, 포로로 잡아 왔더라도 괜히 창피 주고 모욕을 주어서 사람들 앞에서 웃음을 사게 만들면 안 된다.

일상에서도 마찬가지이다. 당신이 힘이 있고, 유리한 고지, 메인스트림에 있어도 함부로 사람을 대하거나 모욕을 주면 안 된다.

그 이유는 다음과 같지 않을까?

첫째로 충성심 높은 장수와 지고지순한 선비에게 예를 다하는 것이다.

이유 1. 그것은 자신의 아랫사람에게 가르치는 것이다. 봐라⋯. 적군의 장수이지만 이렇게 충성심이 높단다⋯. 너희도 좀 배워라….

이유 2. 실제로 중국의 역사에서도 적에게 잡혀 와 바로 본국을 배신하고 즉시 투항하는 장수나 선비는 금방 사형당한다.

이유 3. 내 비록 적군을 잡아들였으나 충과 예의 가치관만큼은 숭상한다는 태도를 사방에 보이는 것이다.

둘째로 훌륭한 인재가 아까운 것이다.

이유 1. 비록 적군의 장수와 선비더라도 높은 지혜와 기술을 사고 싶은 마음이 있는 것이다.

이유 2. 설득하고 달래서 나와 함께 일할 수도 있다.

이유 3. 내 부하에게도 "나는 능력 있는 사람을 원해 이것들아…. 너네 열심히 좀 해"라는 메시지를 보낼 수 있다

세 번째로 복수의 위험이다. 언젠가는 똑같이 당한다.

이유 1. 모멸감, 치욕스러움은 고문이나 죽임보다 가혹하다.

이유 2. 왜냐면 치욕으로 인한 동질감은 죽음의 고통(사형)보다 크기 때문에 모멸감이 더 확산되기 때문이다.

이유 3. 그래서 상대방의 모멸감은 복수심을 불러 일으킨다. 물론 그런 복수를 사전에 막고자 옛날에는 친가로 8촌, 외가로 4촌까지 죽이고, 마을을 불태워 사람들을 떠나가게

했다. 그러나 누군가는 꼭 살아남아 그 치욕을 기억하며 복수하게 된다.

물론, 지휘계통을 잡으려면 제일 윗사람 왕을 잡아야 할 것이다. 실제로 지휘 통제를 하는 사람은 장군일 수도 있고, 지략을 피는 선비 출신도 있을 것이다. 먼저 윗사람을 잡아서 상대방의 지휘체계를 무너뜨리는 작전도 있다.

제갈공명도 남쪽의 소수민족 우두머리를 잡았다가 풀어주고 잡았다고 풀어주면서 남쪽의 왕, 맹 획을 '길들이는 작전'(칠종칠금)도 그런 거다.

겉멋보다 츠타야의 성공비결을 봐봐

음해의 기술 - 부저추신

회사, 직장, 조직에서 성공한 사람이 하나만 잘해서 잘 됐을까? 아니면 그 '잘난 하나'가 뭘까?

> 부저추신(釜低抽薪 : 가마솥 부, 아래 저, PICK UP 또는 추첨하고 뽑는 추, 땔감용 섶 신)
>
> 가마솥 아래 장작을 꺼낸다는 뜻이다. 상대방의 핵심과 본질을 파악해서 중요 부분을 공략하는 것이다. 중요하지 않은 부분에 섣불리 힘 빼거나 화를 내거나 신경을 쓰면 자신의 에너지만 소비할 뿐이다.

"

츠타야는 일본의 유명한 서점이다. 10년 전부터 눈여겨봤는데 최근 한국에서도 인기다.

츠타야는 단순한 서점이 아니라 라이프 스타일, 커피와 미술, 예술이 존재하는 서점이다. 왜냐면 그 공간을 판매하는 곳이기도 하다. 도쿄에 시부야, 긴자, 우에노 등 웬만한 중심가 한복판에 존재한다. 미술전시회도 하고, 츠타야 안에는 스타벅스가 함께한다. 서점보다는 고급스러운 라이프 생활을 즐기는 듯하다. 한국에서도 츠타야관련 책이 많이 출간되었다. 브랜드 〈B〉부터 〈취향을 설계하는 곳, 츠타야〉 등 굉장히 많다.

누구나 그런 서점을 운영하고 싶고, 그래서 독립서점, 잡화점 이런 것을 이쁘게 꾸미고 싶어서 한다. 과연 츠타야가 책뿐만 아니라 문구용품, 그림, 조각품, 식음료가 있는 종합예술이기에 성공할 수 있었을까? 그렇다면 츠타야의 성공비결을 어떻게 볼까? 일반적으로 기업의 성공을 말할 때는 아래와 같다.

1. 제품개발 경험

2. 예산 절감 경험

3. 고객 만족 경험

사실 1번과 2번, 3번이 같은 말이다. 츠타야 사장 마쓰다 무네아키 씨는 그전에는 DVD와 CD를 판매 대여하였다. 음악과 영상이야말로 토털 문화상품이니까. 그 속에서 '취향을 설계하는 곳' 츠타야가 나왔다. 이렇게 츠타야를 분석한 글과 기사는 많다.

하지만 내가 생각할 때 더 중요한 것이 있다. 바로 청년 시절 그의 초기 사업이다. 바로 그건 카레집을 연 것이다. 그의 전략은 세 가지이다,

1. 인건비를 줄이기 위해 엄마랑 가게를 열었고

2. 임대비를 줄이기 위해 2층에다 가게를 열었고

3. 영업과 재료의 효율성을 위해 프랜차이즈를 선택했다.

결과적으로는 대성공, 줄을 서는 가게가 되었다. 왜 이런 이야기를 하냐고? 취향을 설계하고 미술과 커피가 있는 우아한 곳이라도 그 시

작은 조그만 매장에 높이 올라가야 할 좁은 계단이 있는 2층이라는 것이다.

그곳에서 츠타야 사장은 고객의 마음을 얻은 것, 단가 계산을 하는 법도 배웠을 것이고, 고객이 원하는 게 무엇일지 알 수 있다는 것이다. 그런 경험 하나하나가 지금 츠타야를 만든 것 같다.

그저 처음부터 고상하게 우아하게 책과 취향을 파는 것이 아니라 시작은 그렇게 고생한다는 것이다. 겉멋 들어서 그렇게 감성을 파는 츠타야가 된 게 아니다. 힘들게 일하다 보니 자신만의 무기를 장착하게 된 것이다. 그리고 2층 좁은 카레 주방에서 일한 경험을 누가 뺏을 수 있겠나.

배달의 민족도 그렇다. 처음 식당 모집이 그냥 온라인으로 된 게 아니다. 길바닥에 떨어진 식당 광고 전단지를 일일이 주워서 데이터로 입력하고, 찾아가서 식당 주인분들 설득해서 어플에 참여 시킨 거지 그냥 쉽게 된 게 아니다. 앉아서 되는 것은 없다.

나의 무기도 그렇다.

경험과 노력, 땀으로 장착된 무기는 남이 뺏을 수 없다. 누군가 음해를 하고, 그 능력을 못 써먹게 묶어 놓을 수는 있지만 잠시뿐. 내 몸에 인이 박히고 싱이 박힌 무기들은 언젠가 또다시 내가 쓸 수 있다. 그리고 특출난 남의 '무기'는 또 대단하다고 쫄 거 없다.

우리는 땀과 노력의 소산을 얻을 것이다. 상대방의 지위는 아버지나 회사 선배들의 빽, 남의 험담으로 된 것뿐이다. 별거 없다. 주위에서 잘한다 잘한다 하니까 잘하는 줄 아는 것이다. (일반적인 회사에서는 최근에 아버지 빽이나 상급회사 빽으로 승진하지는 않을 것이다.)

회사에서 성공? 그러고 보니 가만히 생각해 본다.

회사, 직장, 조직에서 성공한 사람이 하나만 잘해서 잘 됐을까? 아니면 그 '잘난 하나'가 뭘까? 과연 그 '하나'만 잘한 것을 빼면 될까? 그 하나만 나도 따라 하면 되거나, 그 하나를 공략하면 잘 될까?

활활 타오르는 가마솥을 공격하려면 가마솥을 두들기는 게 아니다. 찬물을 부어봤자 금세 혹 증발해 버린다. 그러나 가마솥의 장작을 하나씩 빼면 된다. 그럼 서서히 열기가 사라진다. 즉, 근본을 알고 공격해야 한다.

반대로 그 근본을 배웠다면 스스로 장작을 구해서 자신의 솥을 끓이는 법도 배워야 한다.

되게는 안 돼도 안 되게 할 수 있다.

음해의 기술 - 혼수모어

내가 안 돼도 너만큼은 안 되게는 할 수 있어.

혼수모어(混水摸魚 : 혼탁할 혼, 물 수, 잡을 모, 고기 어)

연못의 물을 나무로 휘저어서 탁하게 한다. 그래서 고기가 정신없을 때 낚는 것이다.
가짜 뉴스나 험담으로 혼란에 빠트린 뒤 공격한다.

❝

**직장인 안에서 제일 무서운 말이 있다. "되게는 못 해도 안 되게 할
수 있다."**

이 말은 예를 들면 승진은 못 시켜도, 승진을 안 되게 할 수는 있다
는 것이다. 세 가지로 분석해 본다.

첫 번째로 그저 협박처럼 쓸 수 있다. 그러나 쫄 필요는 없다. 두
번째는 위치가 있는 사람은 이런 말을 안 한다. 할 필요가 없기 때문
이다. 오히려 권위를 해치는 말이다. 세 번째는 권력자의 측근이 하는
말이다. 안되게는 할 수 있다. 그래서 권력의 부스러기를 나눠 먹는 것
이다. 결국 "안 되게는 할 수 있다."라는 말은 유리한 국면에 있는 사
람이 쓰는 말이다. 힘없는 사람이 함부로 쓸 수는 없다. 조직에서 유념
해야 한다. 즉, 뒷담화도 세가 약하면 되려 당한다.

물론 권력의 부스러기를 먹고 기고만장한 사람은 많다. OTT에서 한
국 좀비 드라마 〈킹덤〉 시즌2에 나오는 이방 같은 사람들이다. 사또
옆에 있는 이방 말이다. 회사에서도 이방 같은 친구들이 "안 되게는 할
수 있다"라는 말을 하고는 한다. 냅둬라. 그래 봤자 이방은 이방이다.

사또가 될 수 없다. 그리고 사또는 이방을 한 사람만 두지 않는다. 때로는 당신만이 이방이라고 생각하지만 당신 말고 여러 명의 이방을 보유하고 있다. 왜냐면 리더는 한 사람만의 말을 듣지 않기 때문이다. 이방 같은 당신의 평가도 리더는 다른 채널을 통해 듣고 있다. 그래서 이방이 사또한테 한방에 날아가는 것도 많다. 깝죽대면 말이다.

때로는 이방같은 사람이 가짜 뉴스처럼 험담을 하는 경우가 있다. 내 주변에도 그런 말을 하는 사람을 보았다. "박 차장 서류를 보니까 오타가 있네요"

남의 서류 문서 맞춤법 가지고 평가하는 것이다. 그래서? 그렇게 말하는 사람 치고 서류 깔끔한 거 못 봤다. 오타 갖고 음해하는 수준이기 때문이다. 그런데 문제는 그 서류를 보고 한 말이 아니라는 것이다. 그냥 내뱉는다. 안 되게 하려는 이유이다.

그렇다면 나는, 우리는 어떻게 대처해야 한다 말인가?

그래서 당신은 큰 바다로 나와야 한다. 큰 세계로 나가야 한다. 그게 퇴사를 하고 창업을 하는 것일 수도 있고, 자신의 공부를 위해 학업을 더 하는 것일 수도 있다. 당신의 마인드를 큰 바다로 설정하는 것이다. 즉 당신의 바다, 당신의 꿈을 그리는 연습을 해야 한다. 그렇게 되면 "내가 너는, 되게는 못해도 안 되게 할 수 있다."라는 말이 어떻게 들릴까? 그건, 당신 채널에 달린 댓글 1천 개 중에 두세 개의 악플이라고 생각하면 된다. 1천 개라는 큰 흐름 속에 두 개, 세 개의 시답지 않은 말들이다. 그래서 마음속으로 아래처럼 생각하면 된다. "쟤들은 악성 댓글 게시자일 뿐이야. 한심한 악플러."

내 글발의 팔 할은 사유서, 경위서, 조사서 작성 덕분

음해의 기술 - 금선 탈각, 위기를 기회로

매미가 허물을 벗는다. 당면한 위기를 통해 기회를 만들어라.

> 금선탈각(金蟬脫殼 : 쇠금, 매미 선, 벗을 탁, 허물 각)
>
> 금매미가 허물을 벗는다는 뜻으로 당면한 위기를 통해 기회를 다시 만드는 것을
> 뜻한다. 허물을 벗을 때는 몸이 약해서 잡히기 쉽다. 그래서 원래의 껍질을 마치
> 원형 그대로 보존시키면서 스리슬쩍 도망간 후 다시 재기의 기회를 엿보는 것이다.

"

저에게 도움이 되는 경험을 하게 해 주세요

일본 애니메이션 〈더퍼스트 슬램덩크〉에 등장하는 캐릭터 '정우성(사와키타 에이지(沢北栄治)'이 기도할 때 한 말이다. 물론 정우성은 주인공의 상대편 역할로 나올 뿐이다. 비중이 많이 없다. 하지만 그의 기도는 대단하다.

이 대사는 영화에서 중요한 키(Key)이다. 최고의 농구선수 정우성의 기도, 그리고 그의 마지막 울음이 결국 어디로 도달하는지 알려주는 중요한 대사이기 때문이다. 정우성은 패배의 경험을 얻지만, 나중에 미국 NBA 진출하게 된다.

이렇게 하늘은 당신에게도 도움이 되는 경험을 위해 실패와 패배, 멸시, 모멸감, 열패감을 안겨주기도 할 것이다.

물론 직장 내에서 잦은 실패는 안 좋다.

징조로 보면 잦은 감사와 지적질, 작은 실패들은 큰 실패와 실수를 자아낼 수 있다. 그러니 주의해야 한다. 특히 감사가 오랫동안 계속되면 안 좋은 일의 시작이다. 내 경우, 이직하자마자 우리 부서가 3개월 고강도 감사를 받았다. 나는 내가 한 일도 아닌 일에 감사 대응 서류 작성으로 내 시간을 다 뺐겼다. 그 이후로 나의 악운이 터지기 시작했다.

그래도 나는 개의치 않고 잘 지낸 것 같다. 주의했어야 했지만 말이다. 악운을 잘 추스르면 다시 재기의 기회가 온다. 재기의 기회는 발령과 발령을 거쳐 총무팀으로 가게 되다가 홍보와 의전 업무를 맡게 되면서이다.

그때 나는 주로 보도자료를 작성하는 업무를 했다. 그리고 CEO 인사말, 대외활동할 때 무대에서 말씀하실 멘트를 적기도 했다.

멘트를 잘 작성하다 보니, 타부서에서 의뢰를 받는 경우도 있다. 재미있는 일 중 하나는 회식용 "담화문" 작성이다. 본부와 본부끼리 회식할 때, "만나서 반갑다. 함께 두 본부가 오늘 회식하는 것을 기쁨으로 생각한다'는 내용의 장난스러운 '본부장 급 담화문' 작성이다.

이건 부담없는 것이고 금방 작성할 수 있어 스스로 재밌어했다. 그래도 아주 디테일한 작성 기술이 요구된다. 회사 전체 현안과 더불어 본부와 본부별 현안 사항과 업무에 대한 이해가 있어야 한다. 그리고 가장 중요한 것은 유머가 있어야 한다. 또한, 참석한 멤버의 특징을 파악해서 놀릴 거리와 '칭송' 등을 적절히 안배해서 써야 한다.

그런데 내가 어떻게 회사에서 공식, 비공식 글을 썼을까? 이로 인해 "회사 글쟁이"로 차별화됐다. 포지셔닝이 적절히 올라가게 됐다.

내 글발은 언제 성장했을까?

학교 다닐 때는 한 번도 글짓기상도 못 받았다. 그런데 회사에서 경위서도 쓰고 사유서도 쓰고, 다음부터 안 그러겠다는 서약서도 써보고 별 걸 다 해봤다. 그러다 보니 글발이 좀 늘었나?

그나저나 왜 이렇게 말썽꾸러기가 되어 경위서를 썼을까? 덕분에 경위서처럼 일정별 이슈별 정리하는 습관도 들였다. 사유서는 절대 잘못 한 게 없지만 하라니까 반성한다는 투의 문장을 써야 하고, 서약서는 내가 책임자도 아닌데 자기들은 안 쓰고 나보고 쓰라니 기꺼이 썼다. 조사서는 의금부에 끌려가 써본 적도 있고 별의별 거 다 써보았다.

덕분에 글도 잘 쓰고, 문장력도 늘었다. 난 그렇게 생각한다.

아…. 왜 이렇게 말썽꾸러기가 됐을까? 학교 다닐 때 내성적이지만 누구에게도 맞아본 적이 없이 잘 다녔었다. 칭찬까지는 안 받아도, 하라는 규칙과 규범대로 잘 살아왔었다. 그런데 왜 나이 들어서 삐뚤어졌을까? 아니. 그냥 삐뚤어진 게 아니다. 그냥 일한 것뿐이고 반항을 한 것뿐이다. 같잖은 것들에게 말이다.

덕분에 글도 많이 쓰고 좋지 뭐. 당신도 작은 실패와 뒷담화, 실수 이런 거에 개의치 말기를.

그나저나 북산고 파이팅!!!

(북산고는 만화 슬램덩크에 나오는 학교, 주인공이 다니는 고등학교 이름이다.)

지금은 바람의 시대, 다음 출구를 확인해라

음해의 기술 - 관문착적

지금은 바람의 시대, 당신이 포위되지 말라.

관문착적(關門捉賊 : 가둘 관, 문 문, 잡을 착, 도둑 적)

문을 잠그고 도적을 잡는다는 뜻으로 포위해서 섬멸하는 작전이다.

스스로 포위당하지 말고, 언제나 탈출구를 마련하고 빠져나갈 준비를 해야 한다.

❝

9시에 출근하는 당신이 자랑스럽다.

퇴사 직전, 3년 동안 회사직원분 중 세 분이 명을 달리하셨다.

한 분은 회사 안에서, 한 분은 회사 근처에서, 한 분은 회사 출장 중에…….

한 분은 60세가 넘으셨지만, 두 분은 50세가 안 되었을 때다. 참고로 내가 다녔던 회사는 행정이 주요 업무이다.

각자의 이유는 모르겠지만, 모든 게 허망했다. 기억해 보면 모두가 밝고 맑았다. 마음도 표정도 밝고 맑았다.

그러나 지금, 회사에 계시지 않는다. 그리고 "잊혀졌다."

그 자리에는 다른 분들로 발령되고 신규채용으로 채워졌다. 지금 글을 쓰는 나도, 이 글을 읽고 계신 분들도 밝고 맑을 것이다.

왜냐면 모두가 사회 구성원으로 밝고 맑기 때문이다. 밝고 맑은 만큼, 나도 당신도 이생을 사니까 살아야 한다. 밝고 맑게 말이다.

산 사람에게는 살아가는 것은 의무이며, 삶의 사명을 다하는 것이 책임이다. 그것이 내가 말하는 초원의 법칙이다. 우리는 초원에서 온 사람들이기 때문이다.

주저앉고 울더라도 잠시뿐, 밝고 맑은 기운으로 툭툭 털고 일어나면 된다. 각자의 과거를 돌이켜 보면, 힘든 과거도 그렇게 힘들었을까 싶을 수 있기 때문이다. 어쨌든 그 과거를 버텨냈다.

원래 책 제목을 음해의 기술로 하려고 했었다. 사실 음해하는 기술이 아닌 '음해를 막아내는 기술'로 시작해서 나의 자존감을 지켜내기 위해 글을 쓰기 시작했다.

자존감은 내 안의 밑바탕이다. 널뛰는 마음의 자만심과 열등감과는 다른 좌표에 있기 때문이다. 이 글을 읽고 누구나 건강하고 밝고 맑게 살았으면 좋겠다.

사회생활, 직장생활 잘하는 당신이 너무나 대견하다. 너무나 대견해서 응원하고 박수를 치고 싶다.

최근 유튜브와 글에는 퇴사와 창업, 투자로 넘쳐난다. 그런데 나만 힘들게 회사 다니나? 회사 다니는 내가 뭐 모자란가 할 수도 있다. 그러나 그렇지 않다. 모두가 각자의 삶과 역할이 있는 것이다. 오전 9시에 따박따박 건물로 들어가 사무실에 들어가는 당신도 자랑스럽다.

그러나 내가 하는 일을 스스로 가두어 놓고 얽메이지 말자. 좁은 공간으로 가두지 말자. 한 구석에는 바람이 통하는 창문이 있어야 한다. 왜냐면 지금은 바람의 시대이기 때문에 한 곳에 얽매이지 않아도 다양한 분야에서 일할 곳이 많기 때문이다.

적의 적을, 적으로 여기는 바보들

음해의 기술- 원교근공

적의 적은 내 편일 수 있다. 그러나 바보처럼 적의 적을 적으로 여기는 사람들이 생각보다 많다.

> 원교근공(遠交近攻 : 멀 원, 교류할 교, 가까울 근, 공격할 공) 먼 나라와 사귀고 이웃 나라를 공격한다.

66

먼 나라와 사귀고 이웃 나라를 공격한다.

적의 적은 나의 동지이다. 이런 말과 같다.

즉 가까운 상대는 '대치'하느라 적이 되고, '나와 먼 지역'은 특별히 이해관계가 없어서 협력하기 쉽다. 보통 나와 대치한 적은 '나와 먼 지역'과 대치 중일 수 있다. 즉 적의 적은 나의 동지가 될 수 있다는 뜻이다.

다시 말하지만 "적의 적은 나의 동지이다"는 우리가 너무 흔히 쓰는 말이다. 그러나 실제로는 적의 적을 나 역시 적으로 여긴다.

예를 들면, 조직 내에서 주류로부터 배척 당하거나, 욕 먹는 직원들이 있다. '그 직원'들은 아웃사이더이다. 그러면 나 역시도 욕 먹는 '그 직원'을 감싸주기는 커녕 배척한다. 나 자신도 아웃사이더인데 말이다.

물론 '그 직원'은 결함이 있을 수 있다. 당연하다. 그래서 나도 그를 욕하는 것이다.

어떤 사례가 있다. A라는 직원이야기이다. 어느 본부에 어떤 또라이 같은 본부장이 왔다. 본부장에게 A라는 직원을 굉장한 따돌림을 당했다. 그래서 본부에서 왕따가 됐다. 그러다 보니 A부서의 부장도 A를 이유 없이 집단 따돌림 했었다. 결국, 할 수 없이, A는 모든 수단을 다 써서 그 본부를 탈출하고 다른 본부의 부서로 옮겼다.

A가 없으니 또라이 본부장은 어땠을까? 다른 왕따 대상을 찾았다. 그 대상이 A의 부장이었다. A가 빠진 이후, 부장은 본부장의 왕따에 정신적 충격까지 먹었다. 내가 볼 땐 A가 당한 수준의 1/100이었다. 그러나 유리 멘탈 부장은 엄청 스트레스를 받으며 1년을 보내야만 했다. 스트레스로 밤에 술 먹고 넘어져서 코가 깨져 1년간 빨갛게 하고 다녔다. 그 또라이 본부장은? 어떻게 됐냐고? 좋은 본부로 옮겨 영전했다. 또 위의 빽을 쓴거다. 그러나 거기서 성희롱으로 고소당할 뻔해서 모든 보직을 내려놓고 골방에 처박혀야만 했다.

그런데 문제는 생각보다 많다. 실제로 메인스트림에서 배척하는 직원을 실제 아웃사이더 직원들도 별로 안 좋아하고, 근처에 안 간다. 왜 그럴까?

1. 찍힐까 봐. 강자의 편에 서고 싶은 것이다. 그래서 집단 따돌림에 동참하면서 메인스트림(나의 적이 메인 스트림일 경우이다.)과 함께 있고 싶어 한다. 집단 따돌림은 둘째치고 앞장서서 돌을 던지고 도사견처럼 무는 친구들도 있다. 결국 모든 것이 끝나면 도사견처럼 끌려가 참혹하게 자신이 도살될 것을 모른다.

2. 정말 적의 적이 바보 같고 무능해서 그럴 수 있다. 그러나 당신도 그렇다.

3. 그냥 나 스스로도 남 뒷담화 까는 거 좋아한다. 내가 승진하기 위해서는 내 밑에 누군가는 기본적으로 깔고 가야 하기 때문이다. 그러나 자신이 스스로 깔리는 것을 모른다.

4. 결국에는 적의 적이 당신을 도와줄 수도 있다. 그러나 그런 가능성보다는 메인스트림 쪽에 잘 보여서 내가 도움을 받을 것이라는 예상이 있기 때문이다. 물론 그 예상은 굉장한 착각이다. 메인스트림은 끝내 당신을 거들떠보지 않는다. 사실 적의 적이 당신을 도와줄 수 있다. 나 스스로 도움받을 가능성을 배제하지 않으면 말이다.

5. 도사견들이 성공하는 케이스를 많이 봤기 때문이다. 아빠 빽으로 성장하는 젊은 부장들이나 간 쓸개 다 빼고 모시는 부장들이 성공한 케이스가 있기 때문이다. 도사견처럼 나도 남을 물어뜯으면 성공할 것이라는 착각이다. 그럼 주인이 나를 이뻐할 것이다라는 착각이다. 나는 도사견이 아니고 사람이기 때문이다.

참고로 현실의 도사견은 죄가 없다. 나쁜 이미지도 아니다. 그냥 여기서는 그렇게 비유한 것뿐이니 양해 바란다.

아웃사이더나 자신의 세력이 약할 때는 한 사람 한 사람 우군을 만들어야 한다. 친하고 협력 관계가 아니더라도 말이다. 그래서 내 적의 적이 상처를 입을 때, 최소한 돌을 던지지는 말아야 한다. 무심한 듯 대일밴드 한 장 주고 가면 된다.

그러나 눈앞의 실리에 적의 적을 적으로 여긴다면 결국, 나도 죽고 너도 죽는다. 조직 안에서 소신 있게 사는 것도 중요하다. 그것이 음해를 벗어나는 기술이기도 하다.

그런데 이런 현상은 일반적으로도 그렇다. 가난한 사람이 복지혜택을 주고 민중을 위한 정당보다 부자를 위한 정당을 선호하는 것과 같다. 가난한 사람은 권력으로 부를 쌓고, 주가조작으로 돈을 벌고, 강제철거를 자행하면서 부동산을 거머쥐는 사람에게 호감을 보낸다. 그것은 자신의 판타지로 권력자를 '드림'으로 설정하기 때문이다. 자기도 아르바이트하면서 최저임금 올려주는 정부를 욕하는 이유도 그런 것이다.

전쟁 나면 권력자들은 도망가고 우리 청년들이 전선으로 끌려갈 텐데, 혈기왕성한 청춘들에게 반전 평화보다는 강력하고 공격적인 구호가 더 긍정적인 반응을 보낼 수도 있다. 이미지가 호전적이고, 전쟁 무드로 몰고 가는 권력자의 구호가 더 선명하기 때문이다. 그러면서 정작 그 권력자들은 군대를 갔다 오지도 않았다. 결국 전쟁의 총알받이로 나가는 것은 청년들이다.

아 참, 그 후 A라는 직원은 어떻게 됐냐고? 타부서 가서 글도 쓰고, CEO 옆에서 의전하고 보도자료 잘 써서 좋은 곳으로 가게 됐다나...

미운데 이유가 어딨니. (미움받을 9가지 용기)

음해의 기술 - 가도멸괵

다만, 나의 길을 함부로 내어 주지 말자

가도멸괵 (假途滅虢 : 빌리다 또는 가불하다할 때 가, 길 도, 멸하다 멸종하다의 멸, 나라이름 괵)

길을 빌려 괵나라를 멸한다는 뜻이다.

진나라는 괵나라를 치기 위해 우나라에 길을 빌리고자 우나라 왕에게 명품을 바쳤다. 그 후, 진나라는 괵도 치고 우도 처버렸다. 상대방이 생각지도 못한 전략을 당혹스럽게 구사하는 것이다.

"

미운데 이유가 어딨어. 그냥 싫은 거지

이 말은 생존의 고수 Y 본부장의 격언이다. 정말 훌륭한 말씀 같다. 왜일까? 맞다. 살면서 미움받을 때가 있다. 그런데 정말 이유를 모를 수 있다. 미움을 내가 왜 받을까? 그럴 때는 사실, 이유가 없다. 미운데 이유가 어딨어.

인기 BJ, 최근 방송인으로 활약하는 '풍자'가 한 말이 있다. 그녀가 가게에서 일하는데 어떤 언니가 그렇게 자신을 싫어했다고 한다. 그런데 그 언니가 어느 날 너무 취해서 집에 데려다줘야 할 일이 생겼다고 한다. 언니는 만취 상태에서도 풍자를 그렇게 욕을 했다고 하지만, 풍자는 왜 미운지 물어보지 않았다고 한다. 어여 집이나 가자고…. 결국

엔 그 언니는 "풍자는 내가 왜 미워하는지 물어보지도 않는다"며 대신, 풍자를 뿌리치고 다른 동생을 데리고 갔단다. 여기서 핵심은 '미운 이유를 물어보지 않은 것'이다. 풍자가 TV 프로그램 '한도 초과'에서 자신은 멘탈이 강하고 마음 상처에 강하다고 말한 이유를 알겠다. 미운데 이유가 어딨어. 싫은 거지. 그냥.

사회생활하고 인생 살고, 조직 생활하면 괜히 미움을 받는 경우가 있다. 사실 이유가 있다. 그러나 그 이유를 물어보는 것도 자존심 상한다. 그리고 이유를 알면? 해결할 수 있을까? 대부분 없다. 술 한잔하고 화해하는 것…. 못 봤다. 물론 갑자기 세력이 역전되면 그렇지만 말이다. 그럴 때는 그냥 내 마음의 문을 활짝 열어둬라. 꽁꽁 닫지 말고 들어오려면 들어오고 침입하라면 침입하라고 배짱 있게 하는 마음을 가져보면 좋다.

미워하든 말든…….

그러나 함부로 내 마음에 길을 열어 두면 안 된다. 물론 마음을 닫고 사람들을 대하라는 것이 아니다. 내 마음에 아무나 들어와서 널뛰지 못하도록 해야 한다. 미워하든 말든 말이다.

그래서 미움받을 용기가 필요한 것이다. 이유를 알 필요도 없다. 나만 피곤한 거니까.

그래서

1. 나도 무시한다.

2. 친절을 베풀기보다는 사무적인 에티켓을 지킨다.

3. 그런가 보다 한다. 귀에 욕을 하던, 얼굴에 서류를 던지든, 뒤통수에 뒷담화를 보내든 말이다.

4. 억울한 일이 생기면 미워해서 그런가 보다 하면 되지 나의 능력을 스스로 의심할 이유가 없다.

5. 다시 한번, 내가 미움을 받는다고 "자신을 의심하거나 자신의 능력을 폄하하지 마라."

6. 당신이 조직에서 힘이 없어 그럴 수 있다. 그걸 받아들여라.

7. 조직에 너무 얽매이지 말고 자유롭게 다니고 능력을 키워라.

8. 웃고, 오늘 뭐 먹지? 생각하면 되지 뭐.

9. 미운데 이유가 어딨겠어. 그냥 싫은가 보다 하고 내버려 둔다. 내 정신 건강이 중요하니까

본질을 보고 실리를 챙겨야 한다.

음해의 기술 - 투량환주

건설사가 집창촌을 반대하는 이유

> 투량환주(偸梁換柱 : 훔칠 투, 대들보 량, 바꿀 환, 기둥 주)
>
> 대들보를 빼돌려 기둥과 바꿔치기 하는 것이다. 주력을 눈치채지 못하게 하는 것이다.
>
> 종종 우리는 본질을 망각하고 바뀐 것도 모르고 지나간다.

"

실리보다는 명분과 명예로 살라고 교육받았다.

사회적 이슈로 이런 게 있다. 창녀촌에 대한 것이다.

'창녀촌은 있어야 하는가?'

많은 논쟁이 우글거린다. 그러나 논쟁의 결과는 점잖은 답을 해야 한다는 것이다. 어떤 엘리트도 감히 창녀촌이 있어야 한다고 큰소리로 주장하기에는 힘들다. 여기서 엘리트는 시장, 국회의원, 정치가 등이다. 여론은 한몫한다.

그래서 창녀촌이 밀려난다. 쓸어버린다.

그런데 창녀촌 그 자리에 시민을 위한 쉼터와 공원이 생기나?

수익금으로 여성 자립센터가 그 자리에 생기나?

그 자리에 어린 학생들을 위한 교육센터가 생기나?

아니 이곳에는 아파트가 생긴다. 건설업자들이 배부르고, 허가와 이권에 얽힌 권력자, 행정가와 사업가들만 기분 좋다.

우리는 그렇다면 쓸데없는 논쟁만 벌인 것이다. 물론 그 논쟁은 사회적 진일보에 큰 도움이 될 것이다. 사회적 진일보에 도움이 되지만 개발에 따른 혜택은 받지 못한다. 논란만 하게 되지 결과를 아무도 모른다. 그리고 개발로 인해 그 자리에 쫓겨난 성 노동자도 혜택을 받지 못한다.

우리는 늘 그렇게 속고만 살고 있고, 엄한 정의와 도덕에 빠져서 정작 어떤 혜택도 이익도 받지 못한다. 그렇다. 도덕적 우위만 내가 점하면 될 뿐 개발에 대한 이익을 얻는 권력자, 쫓겨난 성 노동자는 관심 밖이다.

실리는 어디에 있고 혜택을 누가 받는가를 살펴보아야 한다. 도덕적 프레임, 명분의 틀을 놓으면서 실제로 돈을 누가 챙기고 실리는 누가 가지고 가야 하는지 보아야 할 것이다. 우리는 그렇게 도덕과 윤리, 명분이라는 허울 속에서 본질을 잃어버리는 경우가 있다.

유학에서 겸양지덕, 겸손하라는 말이 있다. 겸손하면 이득이 생기고 실리가 생기기 때문이다.

겸손하라는 것은 무슨 말인가? 잘난 척하면 아래로 끌어내리기 때문이다. 그래서 잘 돼도 엎드려 있고, 더 잘 되면 더 엎드리는 것이다.

예를 들면 학교 다닐 때 시험에서 한 개 틀리면 크게 우는 아이가 있다. 반대로 10개 이상 틀린 아이들은 울지 않는다. 한 개 틀린 아이는 '절대 백 점'을 이길 수 없다는 질투심도 있지만, 내가 한 개 틀렸다는 것을 자랑하고 싶은 것도 있다. 그래서 우쭐함을 알리고 싶어 한 개 틀렸다고 우는 것이다. 자책하는 모습을 취하는 것이다.

물론 나의 학창 시절을 보면 서울대 간 친구는 그저 덤덤했다. 틀리든 맞히든 얼굴은 늘 덤덤했다. 무표정이다. 우리도 그 친구는 1등이니까 그 친구 성적에는 관심 없었다. 1등 친구 역시 표정은 좋아하지도 낙담하지도 않는다. 늘 1등이니까. 모든 시험에 백점 맞아도 기쁜 표정 하나 없었다. 그리고 늘 덤덤하기 때문에 아이들이 시기와 질투를 하지 않는다. 사실 질투하기에는 또 넘사벽이다. 즉 압도적으로 잘 했기 때문이다.

압도적으로 잘 한다면, 그리고 잘 한다고 잘난체를 하지 않으면 오히려 사람들은 끌어내릴 엄두도 하지 않는다.

남이 뭐라 하든, 내 길을 간다.

음해의 기술- 지상매괴

남이 아닌 내 마음을 돌아보는 것이 중요하다.

> 지상매괴(指桑罵槐 : 손가락 또는 가리키다 지, 뽕나무 상, 매회 매, 괴이하고 지 랄하는 괴)
>
> 뽕나무를 가리키며 매화나무를 욕한다. 직접 욕을 안 하고, 그 주위를 욕하고 공 격해서 뜨끔하게 만드는 것이다.

66

스크래칭 마케팅, 노이즈 마케팅이라고 있다. 욕먹어서라도 관심을 끌 기 위한 전략이다.

연예인이나 셀럽의 경우 SNS로 서로 저격하는 경우가 있다.

셀럽끼리 하는 SNS저격은 호사가들과 온라인 매체들이 아주 좋아한 다. 온라인 댓글과 기사는 난리. 난리, 난리이다. 재미있다. 그런데 셀 럽들은 그렇게 또 명성을 얻고, 온라인 매체는 또 그렇게 해서 콘텐츠 와 광고비를 얻는다. 그건 사실 음해도 아니고 폭로도 아니다. 그러니 저격은 그냥 '그 바닥의 일'이다. job이다.

그러니 그쪽 분야가 아닌 일반인이 따라 하면 위험할 수도 있다. 물 론 힘이 약한, 도와줄 사람 없는 위치에 있는 사람들이 억울한 일로 당할 때, SOS로 온라인 시스템을 이용하는 게 맞다. 그런데 악성 댓글

수준으로 그냥 혐오하는 것은 자제해야 한다.

SNS 저격은 일반인뿐만 아니라 프로라도 흉내 내면 안 된다. 나름 셀럽이고 프로선수들도 SNS 폭로를 한다. 그러나 보면 역풍을 맞아 아예 한국에서 사라질 위기에 놓인 예도 있다.

예를 들면 어떤 래퍼가 수해복구를 위해서 기부를 했는데, "왜 수해복구를 하느냐"라는 저격 글이 올라온다. "민생고에 겪는 래퍼들이 많은데"…이런 글을 올린 래퍼가 있었다. 오히려 저격한 래퍼가 오히려 역풍이 불었다. 수해복구에 1억을 기부한 래퍼를 욕한 글을 어떻게 사람들이 공감하겠는가. 상식적으로.

힙합에서 디스전이 있다. 랩으로 상대방이나 셀럽 래퍼에게 욕을 하는 것이다. 지적질을 하는 것이다. 일단 음악으로 한다는 점에서 예술이다. 그리고 랩은 원래 아프리카 부족이 대열을 이루고 서로 싸우기 전에 '구강 액션', '아가리 파이트'를 하는 것이다. 즉 말로 싸우는 것이다. 그래서 래퍼 이름에 킹이나 닥터, 마스터 등은 크게 허세를 부리기 위함이다. 랩 내용도 내가 제일 잘 났고 너희들과 싸움에서 나는 이긴다는 것들이다. 그러니 랩에서 디스는 역사이고 부족의 전통이다. 그리고 미국 래퍼들이야 음악에서 디스를 해도 그뿐이다. 땅덩어리가 워낙 커서 만날 일도 없다. 그런데 한국 래퍼들은 홍대 가면 다 만난다. 쩝… 서로 민망한 상황이 연출되고 또 그러다 보면 친해진다.

그러니 돈이나 지위 상승에 결정적이지 않으면 굳이 음해할 필요가 없다. 그렇게 긍정적인 생각은 얼굴이 밝게 된다. 먼저 마음부터 먹으면 긍정적으로 바뀌게 될 것이다. 남을 보고 질투할 필요가 없다. 내 마음을 돌아보고 나를 돌아보는 것에 집중하자.

작은 것에 조심해야 한다.

음해의 기술 - 가치부전

영웅호걸은 양아치에게 죽는다.

> 가치부전(假痴不癲 : 가짜 가, 어리석을 치, 아니 부, 정신착란 증세의 전)
>
> 바보처럼 어리석은 척하되, 정말로 정신줄을 놓고 미치지는 않는다.

66

예능에서 재미있게 하려고 바보처럼 굴어도, 다 나름 돈벌이를 하는 것이다. 진짜 바보가 아니기 때문이다.

영웅호걸이 전장에서 장렬하게 죽던가. 아니다.

의외로 양아치한테 칼침 한 대 맞고 쓰러진다. 역도산도 그랬고, 유럽을 만들었다는 전쟁의 화신이자 로마 황제인 율리우스 카이사르도 허망하게 죽었다. 체 게바라의 죽음도 대단한 전투도 아니었다. 그저 어느 병사의 총 하나가 우연히 맞았을 뿐이다.

그렇다. 힘이 좋고 기세가 좋아도 의외로 양아치와 시비붙어 칼침 한대로 날아간다. 조심해야 한다. 하물며 당신이 영웅호걸이 아닌 이상 늘 조심해야 한다.

인기 강사나 인기 연예인이 케이블 TV와 라디오를 거쳐 지상파 최고 인기 예능프로그램에 출연하는 경우가 있다. 그 순간 가끔 허망하게 내리막길을 걷기 시작한다. 최고가 될 때 조심해야 하는 이유이기도 하다.

사람들은 시기와 질투를 한다. 최고 프로그램의 출연하고 유명해질 때 과거의 논문표절, 학교폭력, 빚투 등 다양한 사회적 이슈로 묶어서 과거의 잘못을 들추어낸다. 그래서 한 방에 보내려고 한다. 당신을 시기와 질투하기 때문에 상관없는 과거의 행적을 뒤질 것이다.

호사다마라는 말이 있다. 최고에 올랐을 때 하나 둘 자기 자리를 점검해 보아야 한다. 그렇다면 최고가 아닌 나는 어떻게 해야 할까? 바로 최고 자리를 위해 준비하는 것이다. 나중에 대비해서 구설수나 시비를 걸일 없이 바르고 정직하고 성실하게 내 길을 가는 것이다.

늘 그렇게 우리는 미래를 준비하는 것이다. 그것이 오늘 하루 조심하고 조심해서 바르게 살아가는 이유이기도 하다.

실적과 숫자, 통계는 과학이 아니라 정치

음해의 기술 - 상옥추제

월등하거나 독보적인 실적 아니면 숫자는 정치에 묻힌다.

상옥추제(上屋抽梯 : 올라가는 상, 지붕 옥, 치워버릴 추, 사다리 제)

지붕 위에 사람을 올라가게 유인한 다음에 사다리를 치워 버려서 곤란하게 만드는 것이다. 때로는 배수진처럼 사다리를 치워 버려서 군사들의 사기를 돋게 하는 긍정적인 병법일 수도 있다. 또는 위로 띄워주다가 갑자기 사다리를 치워버리는 것이다.

66

너 열심히 해. 이 정도는 할 수 있어. 응원해

다른 사람의 응원에 힘입어 사람의 열심히 사는 것은 좋다. 그런데 그건 자기 페이스대로 움직여야 한다. 즉 나를 위해야 하는 어떤 목표여야 한다.

그런데 주위에서 불가능한 목표를 당신에게 설정해주며 응원하는 경우가 있다. 물론 그 응원은 때로는 독이 된다. 당신이 목표액을 성공 못 했다고 욕을 먹거나 목표액을 달성해도 당신을 다른 이유로 자리에 내려갈 수 있다.

그럴 경우 억울할 것 없다. 그런 거다. 이순신 장군님도 그렇게 당한 거 아니겠나.

그러니 다른 사람의 응원과 지지보다는 자기 자신이 스스로에게 주는 응원과 지지의 목소리에 귀 기울여야 한다. 당신이 목표액에 성공했다고 해도 알아주지 않을 때가 있다.

그래도 슬퍼하지 말라. 어떤 과학적인 통계도 숫자로 된 결과도 당신을 지지하거나 응원해 주지 않을 때도 있다. 그 숫자만 이상 달성하면 대단할 것이라며 칭송할 것 같아도 그렇지 않다.

숫자와 통계가 과학인데도?

* 숫자와 통계는 과학이다. 숫자는 이성적이고 논리적이다.

* 그러나 숫자는 굉장히 정치적이다. 숫자는 우기는 사람이 이긴다. 듣는 사람은 눈뜨고 코 베인다.

* 숫자와 통계는 표현 그리고 정치적 힘에 따라 결정된다.

* 숫자 조작이 아니라 숫자를 어떻게 표현하느냐에 따라 다르다.

숫자는 어떻게 표현하느냐에 따르다. 만약 A후보와 B후보, C후보가 있다. 지지율 조사를 했다.

A는 30%, B는 31%, C는 32%, 기타 7%이다.

이때 제목을 어떻게 뽑을까? 중요한 것은 A와 B, C는 각각 1%밖에 되지 않는다. 그래도 제목에 따라 다르다.

”A는 지지율 조사결과 계속 3위!! “

A가 3위는 맞다. 조작은 아니다. 하지만 다른 것과 비등비등한 데이터임에도 3등으로 치부해 버린다. 그러면 유권자가 사표 심리, 또는 나의 표가 버려지는 것을 싫어하는 심리 때문에 1등인 C로 투표할 수 있다. A는 역전의 기회가 있으나 무시될 수 있다.

반대로 다르게 표현할 수 있다. C는 계속해서 1등이다. 그러나 C에게는 다른 제목을 뽑을 수도 있다.

"C, 과반수도 못 넘어, 2등과 겨우 1% 차이로 역전 가능성 높아"

그럼 느낌이 1등 같지 않다. 약간의 차로 지는 B를 응원해 볼 수도 있다. 이렇게 숫자를 표현하는 거에 따라 다르다. 또는 종교처럼 아예 믿어 버리는 것도 숫자이다.

또 다른 사례를 들어보겠다.

B라는 부서가 있다. 부서 적자는 전체 회사 적자의 2% 수준이지만 "적자의 주범"이 될 수 있다. 회사 적자 부분에 1/50이어도 적자의 주범이라니? 눈이 삐었나? 이번에는 전체 총 60억 적자인데 B부서가 1.5억 적자를 내었는 데 B부서가 '주범'이라고?

왜냐면 B부서가 힘이 없는 팀이기 때문이다. 승진도 안 되는 팀이기 때문이다. 관련 기관이나 주변 산업군에서도 중요한 위치이지만 조직 내부에서는 그렇지 않다. 내부에서는 B부서에게 열심히 하라고 말만 하고 격려하면서 적자 폭을 줄이라고 말한다.

열심히 하라고 지붕 위에 올려보내 놓고는 사다리를 치워버리는 형국이다. 그쪽으로 발령받는 친구들에게 "적자를 메꿔라"하고 격려하지만 돌아서서 음해하는 형국이다.

"B부서는 우리 회사의 적자 주범 부서입니다."

그것도 단순한 뒷담화가 아니라 공식적으로 경영부서, 예산을 담당하는 부서의 "논평"이다. 물론 공식 문서에는 그렇게 적지는 않았다. 하지만 그들은 숫자로 우기면 되는 것이다.

숫자가 버젓이 나와도 우기면서 음해를 하면 되는 것이다. 문제는 직원들 대부분이 믿는다는 것이다. 왜냐면 경영과 예산을 담당하는 부서여서 통계 신뢰도가 높을 수는 있다.

술자리에서 나오는 말도 적자의 주범, 심지어 공식 회의에서 나오는 말도 적자의 근원, 그걸 이사회에 결산에서도 B부서의 예를 먼저 든다.

이 정도면 종교다. 경영을 담당하는 부서에서 그렇게 생각한다면 그건 종교다. 일반 부서의 험담이 아니라 경영과 예산을 담당하는 부서이다. 어떻게 그런 생각을 하느냐고? 그리고 직원들이 동의하는 이유가 있다. 바로 힘의 논리이다. 직원들이 B라는 부서에 갈 일이 없다고 생각하기도 하고 관심 없다.

그런데 세상에 B부서가 흑자로 전환되었다. !!

그러나 여전했다. 나아진 것은 하나도 없다. 이번엔 다른 건으로 "문제가 많은 부서"라고 하는 것이다. 팀원들과 열심히 해서 흑자로 전환된 것은 중요한 것이 아니다. 그리고 10년간 적자 합은 얼만큼이니 그만큼 해라. 어서 10년간 적자 폭을 메꿔야 흑자라고 인정해 준다는 둥….

이럴 땐 어떤 마음을 갖고 음해에 대응해야 할까?

1. 숫자로 우기며 음해하는 그들, 불쌍히 여겨라.

왜냐면 그들이 음해하는 건 메인스트림이 아니기 때문이다.

물론 그들은 하이에나 같은 그룹이다.

사자가 먹다 버린 거 주워 먹고, 약한 짐승들 괴롭히기는 하다. 그래도 초원의 영웅이 될 수 없는 점을 불쌍히 여겨줘야 한다.

일제강점기로 따지면 일본 순사가 아니라 독립운동가를 잡는 '조센징' 순사 같은 거다.

조센징 순사는 조선인 순사를 말한다. 일본에서도 조선인이라는 일본식 발음 "조센징"이라고 하는 것이다. 조센징에는 경멸과 멸시가 들어가 있는 말이다. 흑인에게 니그로라고 말하는 것과 같다.

즉 일본 순사보다 조센징 순사가 더 악랄하게 독립운동가를 잡고, 해방 이후에는 그 순사가 경찰이 되어서 친일행적을 지우려고 노력한다. 그래서 일제시대에도 살아남은 독립운동가를 해방 이후 빨갱이로 몰아 끝까지 잡는 것과 같다. 살아남아야 하니까. 그렇게 해야 과거의 내가 '조센징 순사'의 신분을 세탁할 수 있다. 빨갱이를 잡아야만 자유 대한의 '경찰'로 사회 주류가 되는 것이다.

그래서 더더욱 메인스트림이 아닌 부서에게 가혹하게 한다. 즉, 경영과 예산 쪽 실무진들은 회사의 메인스트림 출신이 아닌 것들이 많이 포진하다 보니 '열심히' 하는 것이다. 그 열심히 하는 방법은 '왕따'이다. 실력은 없으니 왕따. 그들은 결과적으로 승진을 다들 빠르게 했다.

2. 숫자로 열심히 설명해도 안 통한다. 포기했다. 중세적 종교신념을 갖는 자들에게는 의미 없다.

그런데 아래의 말을 해줄까 하다가 말았다. 저렇게 열심히 산수를 잊고 종교처럼 하니까….

무슨 말을 해줄 거냐면….“봐봐…. B팀 적자가 1.5억에서 최대 3억 사이로 적자야. 그나마 최근 흑자가 됐어. 게다가 불공평한 게 여기서 흑자란, 직원들이 있는 공간(전기요금, 수도요금, 건물관리비, 세금 등 등 간접비용까지 포함)의 비용까지 다 빼고 계산 들어간 거야. 그런데 다른 부서는 간접비용이 들어가지 않았어. 불공평한 셈법이야.”

다시 또 말해 보자면

“봐봐. 그동안 회사가 60억 적자면 왜 60억인지, 가장 큰 적자는 어떤 부서인지 까보면 되는 거 아닌가? 해결책은 그럼 다른 것에서 찾으면 되는 건 아냐? 그건 왜 공식적으로 떠들지 않아?”

물론 그들은 듣지 않는다. 그리고 들을 이유가 없기 때문이다.

하지만 사업부서보다 행정부서가 커지면 조직이 관료적으로 돌아간다는 것은 조직의 위험신호이다. 행정부서가 비대하게 큰 조직이었다. 외부 평가위원들도 그렇게 지적하기도 했으니까….

3. 중세의 시대에 있을 것인가. 아니면 이성과 과학이 통하는 곳에 있을 것인가.

어느 날 성수동 블루보틀에서 커피를 마시다가 문득 젊은 친구들을 보았다. 큰 책상에서 제품 아이템 회의를 하는 모습, 성수동 아주 작디 작은 공원에서 지역 투어 설명하는 청년의 모습, 자기 몸집보다 큰 옷한 꾸러미 들고 나르는 모습, 노동하는 모습이 이뻐 보였다.

노동하고 대가를 얻는 모습이 이성과 과학이 통하는 곳이다. 그리고 넓은 더 넓은 곳이 있다는 것을 느꼈다.

중세의 시대에 살 것인가, 이성과 과학이 통하는 곳에 살 것인가. 결국, 선택은 자기 몫일 것이다.

있는 척해, 재벌 3세처럼

음해의 기술 - 수상개화

무에서 유를 창조하는 것이다.

> 수상개화(樹上開花 : 나무 수, 위 UP 상, 피다 또는 문을 열다 개, 꽃 화)
>
> 나무 위에 꽃을 피우게 하는 전략이다. 가짜 꽃을 붙여서라도 일부러 있는 척을 해서
> 적을 물러나게 하는 전략이다.

"

**기만하면서 기만하지 않는 것처럼 보이는 것이다. 없어도 있는 것처럼
하는 것이다.**

자. 있는 척하는 것이다. 머릿속으로 암기하자.

늘 깔끔하게 반듯하게 하고 다니는 것이다. 어깨와 가슴, 표정은 재벌 3세처럼 딱 하는 것이다. 쫄지 말고…. 그렇게 자세를 취하면 정신도 그렇게 된다. 마음가짐이 이미 당신은 CEO이다.

한때 내가 있던 조직은 정치 바람이 많이 부는 곳이었다. 그래서 국회 보좌관 정도 아는 것으로, 정부 사무관이랑 친한 것으로 세를 과시했다. 그러나 나는 세가 없고 빽도 없었다. 그러니 무시당했다. 나는 보좌관은 잘 모르고…. 그냥 국회의원들만 몇 명 알았다. 그냥 형이라고 부른다.

공무원들은 잘 모르고…. 그냥 시장, 부시장 정도 아는 사이였다. 그래서 그 사람들한테 창피해서 내 승진 부탁이나 "업무환경 개선(?)" 부탁은 못 한다. 이런 걸로 청탁하는 것은 내 자존심이 상했다. 그리고 그러면 안 되는 것이다. 정치권에 청탁하는 것은 온당하지 않다고 생각했다.

물론 결론은 조직 내에 '빽도 없으니 무시해도 되는 놈'이었다. 내가 그런 뒷배에 대해서는 있는 척을 안하고 살았다.

예전 T본부장은 정말 허세였다. 늘 보면 저~ 위쪽 지시라고 말했다. 심지어 전문경영인에게도 저~위쪽 지시라며 보고한 것도 봤다. 그러면 그게 또 통하는 시대가 있었다. 난 그런 보고자리를 볼 때마다 나는 저러지 말아야지 라고 다짐했다. 그냥 빽없이 편하게 살란다.

그런데 사실 사람들은 이 사람 언젠가 잘 될것이라는 마음을 먹을 때가 있다. 그건 빽이 아니라 그 사람의 됨됨이와 성실성, 실력이다. 그래서 나이 든 간부들이 오히려 당신한테 잘 해 줄 수 있다. 이유는 단순하다,

"이 사람이 나중에 잘 될지도 모른다"

그렇다. 연륜이다. 실제로 그렇기 때문이다. 자신감을 갖고 업무에 임하면 언젠가는 발탁된다. 그러면 사람들은 허세보고 그러는 게 아니라 진심 무시 못 한다. 사실 나에게는 회사에서도 어느 정도 포지션이 있었다. 그 이유는 업무 능력도 있지만 어떤 인상을 심어 주었다.

이 사람 뭔가 있다.

그렇다.

옷도 깔끔하게 입고

차도 비싸지 않지만 그냥 특별한 칼라의 차를 타고

헤어스타일도 잘 정리하는 것이다.

늘 가방도 옷에 맞추고

시계는 그날 콘셉트도 맞추고

신발과 옷과 콘셉트를 맞추는 것이다.

멋있게 하고 아름답게 하고 다녀라. 그러면 뭔가 있나? 하고 생각한다. 그렇다. 뭔가 있게 하라. 그러면 자신감이 생기고 나에 대해 사랑하게 된다. 그러면 자존감은 올라간다. 물론 당신은 이렇게 말한다.

난 바쁘고 돈 없어서 못 꾸며

난 허례허식을 싫어해. 내 본모습대로 다닐래

그렇다면 그래라. 그냥 후즐구레하게 다녀라. 청바지 입고…. 최고로 꾸민 나이키 신발을 신고 편하게 출근한다면 좋다. 누구는 불편하게 구두를 신고, 타이트하게 정장을 입는 게 이유가 있는 것이다. 물론 IT 업계나 스타트업 처럼 편한 차림의 스타일은 멋도 있긴 하다. 그러니 예외는 있을 수 있겠다.

손을 뻗으면 누군가는 잡아준다.

음해의 기술 - 반객위주

부서장처럼 당당하게 자존심 세워가며

> 반객위주(反客爲主 : 바꾸다-change 반, 손님 객, 되다 being 위, 주인 주)
> 손님이 되려 주인이 된다는 뜻으로 주도권을 객의 위치에서 본인 위주로 바꾸는
> 것이다.

❝

그러니까 본부에서 너를 싫어하는 거야.

A부장이 갑자기 이런 말을 왜 나한테 하는 거지?

월요일 팀 회의 때 나온 말이었다. 응? 난 가만히 있었고, 회의시간에 아무 말도 안 했었다. 내 업무가 안건도 아니었다. 내 사업 진행 보고도 하지 않았다. 그리고 그즈음 내가 하는 일은 중요사항도 아니었다. 정말 입 다물고 가만히 있었다.

그냥 내가 싫었나 보다. 아니. 내가 싫은 건 아니었다. 그냥 본부장이 날 왕따하니까, 본부 차원에서 모두가 날 집단 따돌림하는 분위기가 형성될 수 있다. 그러니 A부장이 화풀이로 뜬금없이 나한테 그런 말을 했겠지. 부장은 늘 본부장 눈치를 보기도 하고 따라하기도 했다.

그런데 나는 늘 궁금한 게, 어떻게 저런 본부장이 입사했을까? 낙하

산도 좋지만, 기본 소양은 있어야 하지 않는가? 그래도 사실 뭐…. 별로 신경은 안 쓰고 살았다.

그래도 부서 회의를 끝나고 나는 열 받았다. 어이가 없네.

나랑 같은 직급인 부장…. 아…. 정말… 너무 억울해서 본부에 말할 사람이 없기도 했다. 그러다 우리 팀 경리와 행정만 담당하는 B선배한테 하소연을 했다. 친하지도 않은 B선배한테 가서 "내가 힘들다"고 했다.

그것도 큰 용기였다. 왜냐면 누군가에게 하소연하는 게 쉽지 않기 때문이다. B선배는 A부장이랑 사이가 좋지 않았다. B선배는 행정급 담당이었다. 하지만 행정 담당분들은 전국 지사의 네트워크도 좋고, 회사 쫌이 많다. 그분들은 회사 소문도 빨리 듣고, 곤조(고집 또는 전문성으로 인한 자존심)도 있다. 수많은 본부장과 부장들을 오랫동안 같이 했기에 나름 막강한 뒷배를 가진 분들이 많았다.

그러니 B선배는 A부장에게 고분고분하지는 않았던 것 같다. 나이도 많고…그래서 A부장은 괜히 B선배를 싫어했다. 그래서 A부장은 아예 출장처리나 회의비 영수증 처리를 직접 했다. B선배의 역할은 보통 출장이나 회의비 처리 등이 담당이지만 A부장은 직접 했다. 어쨌든… 나의 하소연에 B선배는 진심으로 나의 이야기를 경청해주었다. 회의실에서 나와 B선배의 진지한 대화는 그게 처음이었다. 내가 용기 내어 손을 뻗었는데 선배는 잡아주셨다. 마음이 놓였고 스트레스도 풀린 듯했다. 고마웠다.

그 후, 어떤 프로젝트에 A부장은 B선배랑 나를 한 팀으로 배정했다. 다른 사람들은 후배를 과장급과 대리급으로 조를 짜서 해줬는데, 나는

B선배랑 달랑 둘이 이루어졌다. 그것은 하찮은 음해의 기술이었다.

모두들… 아마 모두 B선배와 나랑 분란이 생길 거라 기대했었다. 부장이랑 분란이 생긴 것처럼…그리고 일도 힘들 거라 생각했기 때문이다.

왜냐하면, B선배는 나이도 많고 사무직 출신이라 일을 못 할 거로 생각했기 때문이다. 성격도 껄끄럽다 생각했다.

어떻게 되었을까? 나는 결초보은하는 사람이다. B선배는 진심으로 내가 집단 따돌림당하는 상황에서 나의 손을 잡아주었다. 그걸 잊을 리 없다.

어쨌든 난 어떻게 됐을까? 사실 온 지 얼마 안 된 이 부서의 업무는 식은 죽 먹기였다. 사실 난 일처리를 금방 혼자 해버렸다. 분담이고 뭐고 할 일도 아니었다. (물론 그 전에는 이 업무를 몇 명이 낑낑대던 일이었긴 하지만 말이다.)

그리고 B선배님은 나의 출장 처리와 영수증을 도맡아 처리해 주셨다. 그리고 내가 신경을 써야만 하는 세심한 일들을 부탁하면 직접 처리해 주셨다. 둘이 너무나 편안히 일했다. 분란도 없고, 사무실에 시간이 남아돌아 오히려 눈치가 보일 정도로 편했다. 결과적으로 난 부장보다 나은 업무환경을 구축했다.

대신 부장은 여전히 자잘한 업무와 영수증 처리를 직접 하고 있었다.

그리고 내 사업은 예산은 큰 편이지만 중요한 사업은 아니었다. 그러니 본부장이나 부장의 터치를 받을 일이 적었다. 그래서 자유롭게 일을 했다. 그리고 조금 이따 난 다른 부서로 스카우트돼서 갔다.

모든 게 해결되었다. 그러나 근본적인 해결방안은 아니다. 왜냐면 직장 내 괴롭힘, 그로 인한 우울증과 스트레스는 풀어야 한다. 그러지 않으면 스스로 자신을 괴롭히기 때문이다. 그래서 참아내고 혼자 이겨내기보다는 시스템을 이용해야 한다.

개인과 개인의 연대보다

회사 내 시스템과 사회적 시스템을 이용해야 한다.

치료와 상담을 해야 한다.

오히려 젊은 세대보다 나이 드신 엘리트 계층이 우울해하고 심하면 자살까지 가는 경우가 있다. 그러면 안 된다.

당신 역시 어떤 고난과 우울함에 처했다면 직장이나 정부, 사회 시스템의 도움을 받으시면 좋을 것 같다.

다시 한번 왕따, 직장 내의 해결책을 마련해 보자.

1. 시스템을 이용할 것

  - 회사 내 상담, 재활 시스템

  - 병가 및 휴직, 재활 프로그램 이용

2. 회사와 사회에 대한 책임감

- 개나 줘버려

- 가족? 가족을 둔 채 과로사나 자살까지 가는 게 더 문제

- 책임감? 중도포기자도 괜찮아

책임감은 한번도 중도 포기하지 않은 엘리트 그룹이 더 위험할 수 있다. 학교를 꾸준히 다녔고, 직장도 꾸준히 다녔다. 중간에 휴학이나 어학연수, 입대, 유학 등도 모두 계획대로 되었던 거지 갑자기 닥친 건 없다. 모두 새로운 단계로 나아갔고, 무리는 없었다. 모든 과정이 끝나면 다음 과정으로 착착 진행되는 삶을 살았을 것이다. 엘리트들이 더 힘들 수도 있다.

인생은······.

그런 건 없다. 시스템을 이용하고 의료체계에 도움을 받아야 한다. 혼자 음해의 세계에 허우적대지 말고 밝은 곳으로 나와서 상담과 치료를 받는 게 좋다. 그리고 힘들 땐 용기를 내라. 손을 뻗고 고개를 처박아도 된다. 누군가는 잡아준다.

매력 자본을 활용하는 10가지 법칙

음해의 기술 : 미인계

진정 나를 사랑하는 법을 알아야 하는 것

미인계 (美人計 : 아름다울 미, 사람인, 전략 계) 미녀를 이용하는 전략

매력 자본이라는 개념은 전 런던정치경제대학교 사회학과 교수인 캐서린 하킴이 2010년 옥스퍼드대학교 저널 《유럽 사회연구(European Social Research)》에 발표했다고 한다.

66

진정 나를 사랑하는 법을 알아야 하는 것

미인계하면 미녀 첩보원이 생각날 것이다. 절세미녀를 이용해서 상대방의 장수를 혹하게 하는 전술이라고만 생각한다. 미인계는 일반적으로도 그렇게 통용되었다. 여자 간첩 또는 이중스파이 이미지이다.

옛날 계책들을 보면 유사하다. 지고지순한 선비, 대쪽같은 선비한테 로비하는 수법으로도 쓰인다. 병법에는 뇌물이 통하지 않는, 반듯한 선비일수록 미인계를 쓰라는 말도 있다.

또 하나, 아무런 검증 없이 성희롱으로 뒤집어씌워서 상대방에게 모멸감과 수치감을 주는 전법이기도 하다.

그래서 바람 피우고 갑질로 성희롱한다고 무차별 포격을 가한 뒤, 아님 말고 하는 식으로 사라지면 된다. 미인계는 둘이 짝지어져야 한

다. 그래서 미인계로 통하지 않으면 다시 뇌물을 받았네! 안 받았네 하며 또 집중포화를 가하면 된다. 시간이 지나면 아무도 책임지는 사람은 없다. 이런 공격에 잘 넘어가는 계층은 깨끗한 척하는 계층, 배웠다는 계층이 잘 넘어간다. 지들이 잘 난 줄 아는 바보들이다.

사실 이런 전법은 아주 야비하고 무차별하다.

그러나 사실 이것은 미인계가 아니다. 무차별 포격을 가할 수 있도록 언론을 조정하고 시민단체를 조정할 수 있는 권력과 돈이 필요한 전략이다. 그리고 댓글을 꾸준히 달수록 조직을 잘 정비해야 한다. 이것은 음해가 아니고 힘으로 밀어붙이는 공격이다.

사실 비열하지만 아주 강력한 공격이다. 이것을 음해라고 보면 안 된다. 전면전이다. 굉장한 권력과 힘, 조직력으로 밀어붙이는 공격이다. 넷플릭스 드라마 킹덤에서 해원 조 씨 정도는 돼야 할 수 있는 전법이다.

특히, 이러한 공격에 부화뇌동하면서 정의와 성 평등이라며, 야비한 공격을 못 알아채고 비열한 공격을 편들어 주는 선비 조직들이 있다. 중립적인 척, 양성평등인 척하는 조직들이 있다. 왜냐면 막강한 화력을 가지고 야비한 공격을 하는 데도 그 본질을 못 보기 때문이다. 그런 것을 보면 답답하다. 그럴 때는 아름다운 서울시를 걸을 때, 특히 유머 있는 노원구를 걸으면 더욱 답답하다.

한편 미인계는 패전에서 쓴다. 즉 불리할 때 쓰는 병법이다. 그래서 그것을 뒤집을 방법을 찾아 쓰는 것이다. 그래서 내가 돈인나 네트우

크가 부족해도 할 수 있는 방법이 무얼까? 바로 미인계이다.

미인계를 현대적으로 해결해 보면 매력자본을 활용하는 것 아닌가 한다.

그렇다. 매력 자본을 활용해라.

매력 자본이라는 개념은 전 런던정치경제대학교 사회학과 교수인 캐서린 하킴이 2010년 옥스퍼드대학교 저널 《유럽사회연구(European Social Research)》에 발표한 개념이라고 한다. 기존 경제적 요소였던 자본과 문화 사회 자본에 이어 매력 자본이라는 개념을 세웠다. 아름다운 외모와 건강하고 섹시한 몸, 사교술과 유머 그리고 패션 감각, 이성과의 테크닉 등 매력적인 존재가 조용한 권력을 이룬다는 이야기이다.

자신이 망가질 때는 얼마나 많이 망가졌는지 스스로 모른다. 귀찮아한다. 패션사업을 했던 M씨 역시 사업이 망가졌을 때는 얼굴에 로션을 바르지 않을 정도였다고 한다. 스스로를 가꾼다는 것을 잊어버린 것이다. 그것도 패션업을 하였기 때문에 미용과 화장 등은 누구보다도 센스가 있던 사람임에도 불구하고 간단한 기초화장도 잊어버렸던 것이다.

또한 모 회사의 H부장 역시, 이혼하고 투자가 실패할 때는 머리가 빠지고 이가 검어지고 얼굴에 뭐가 나도 걱정만 하지 개선할 의지도 방법도 모른 채 자신의 얼굴을 내버려 둔다. 그러면 지는 것이다. 자신의 얼굴을 가꾸지 않고는 이길 수도 없고 음해할 수도 없다. 자신의 얼굴을 가꾸어야 경쟁력을 갖추고 남과의 비교에서 우위를 점할 수 있다.

꼭 이기고 우위를 점하려는 것이 아니라 자신을 돌보라는 것이다. 자신을 사랑하지 않기 때문에 거울을 들여다보지 않는다. 많은 서적과 블로그에서도 개운법의 첫 번째를 단정한 얼굴, 하얀 치아 등을 이야기한다. 모두 다 알 것이다. 그러나 자신을 돌볼 시간 없이 바쁘다고만 말한다. 바쁘면 운의 하락이고 얼굴을 가꾸면 운의 시작이다.

겉멋에 빠져 자신에게 나르시시즘적인 태도를 가지라는 게 아니다. 자신을 돌보고 나를 사랑하는 시간을 가져야 한다는 것이다. 나 역시 실패와 실패를 거듭했을 때 나에게 투자를 하기 시작했다. 하나하나 점검을 해보고 개선하기 시작했더니 운이 풀리기 시작했다. 그리고 나서 이후 블로그나 책을 보니 그러한 방법들이 모두 개운법이었던 것이다.

자…. 나를 사랑하는 법 시작, 바로 시작하기. 그것은 세수가 먼저일까? 여러 가지 사례를 보고 자세와 태도를 수정해 보자. 아래 미인이 되는 법을 적어보았다.

미인이 되는 법

1. 말 흘리지 마라.

 - 글도 말도 단문으로 끝내라.

    예) 저녁을 먹으려는 데 밥을 해야 해서 쌀을 찾다가 보니까 없어서 빵을 먹었어.

    (수정) 저녁밥 먹으려고 쌀을 찾았다. / 그런데 쌀이 없네. / 그래서 빵을 대신 먹었어."

2. 방만하고 삐딱한 걸음, 팔자걸음을 바르게

 - 팔자걸음이거나 양반걸음을 걷는 경우에는 걸음걸이를 고친다.

 - 고관절에 문제가 있는 경우는 당장 요가나 필라테스를 다닌다.

 - 참고로 발레를 한 사람에게는 예외이다.

3. 담배를 자주 피운다면 금연

 - 전자담배도 안된다, 금연

 - 근데 팔자나 또는 체질에 담배가 어울리는 경우가 있긴 하다. 시
   골할머니 담배 피우며 90세 넘게 사시는 거 보면….

4. 아침에 한번 가까이 거울로 얼굴을 보라

 - 마음속에 다짐한다. "할 수 있다."

 - 혼자 어색하고 뻘쭘해도 거울을 통해 자신의 얼굴을 봐라.

 - 점심 먹은 후 거울을 봐라. 이에 고춧가루 꼈을 수도 있다.

5. 답답해서 돋보이려는 마음에 화려하게 염색하지 마라

 - 원래 머리 색깔을 하고 다녀라.

- 단정하게 깔끔하게 다닌다.

- 이거는 운이 안 풀릴 때이다. 연예계나 직업군이 확거라면 권하
  지는 않는다.

- 당연히 개성 있게 연출하는 게 좋다.

6. 얼굴에 주름이 많고 잡티가 많으면 피부과에 간다.

- 피부과 실장님이 다 알아서 해 준다.

- 뭐 상담하면 기본이 백만 원. 돈 나갈 때 많다. 그럴 땐 뜯기고
  사기 당한 거 생각해 봐라. 정작 나한텐 얼마 썼는지….

7. 얼굴 근육 마사지해주어라. 표정이 굳었다.

- 웃어라. 건강 때문이라도 웃어라

- 혼자 웃어라. 이건 연습을 해야 하다. 기쁠 때 웃는 게 아니라
  연습을 통해서 웃는다. 연예인의 미소가 화사한 것은 연습했기
  때문

- 웃는 게 자연스러워지면 인상도 밝게 하려고 노력해라.

8. 감탄과 고마움의 표현을 세 번 이상 한다.

- 좋은 거 보고 맛난 거 먹을 때 웃으며 감탄해라.

- 감탄하면 진짜 웃음이 나온다.

- 누가 밥 사주면 잘 먹었다고 세 번 이상은 한다. 비굴한가?

- 잘 먹었다고 하고, 그런데 "생선은 좀 짰다"는 둥 토달지 않는다.

회사 강당을 혓바닥으로 닦아서 여기까지 왔어

음해의 기술 - 공성계

허드렛일을 하면서 음해를 피한 후, 승부수를 던진다.

공성계(空城計 : 비울 공, castle 성, 계략의 계)

성을 비워서 더 약하고 허약한 척을 해서 상대방에게 힘을 빼는 전략이다. 적군을 빈 성으로 끌어 들여 섬멸하는 작전이다. 배수진과 비슷하다. 배수진은 가랑이로 기어가서 결국 장군이 된 한신의 대표적 전략이다.

66

어떻게 그런 일을 할 수 있어요.

A과장이 술 취해서 내게 전화가 왔다. 평소 A과장은 내가 "그런 일"을 하는 걸 속상해했다. 하지만 나는 "그런 일"을 좋아하고 행복해했다. 적성에 맞다고나 할까.

그런데 내 주변 나랑 같이 일했던 사람들의 마음은 이해가 되었다.

나는 주로 했던 것이 기획 분야이고, 새로운 일을 도전하는 분야를 맡았다. 그리고 일을 세련되게 하는 게 주요 콘셉트라서 코엑스 행사나 여의도 CGV에서 객석 90% 점유율의 행사를 기획하고 실행했었다.

게다가 나는 프로젝트의 PM 역할을 주로 했었다. 게다가 회사에서는 전문 분야의 석사, 박사 수료 경력이 있어 곧잘 보고서도 잘 썼다. 행사와 보고서를 둘 다 잘하기 힘들지만, 나는 문무를 겸비한 사람이라고나 할까. (이래서 나를 싫어하는구나,,, 잘난 척해서)

그런데 "그런 일"을 하면 어떤가?

그런 일은 회사 총무 업무를 맡았다. 주로 내가 맡은 총무업무의 이미지는 그 당시 배 나오고 술 좋아하는 상사분들이 하는 일이다.(그 회사의 이미지가 그렇다는 것이다.) 사실 내가 선택한 부서이고 업무였다. '허드렛일하고 잘난 척 말자.' 이렇게 다짐했다.

한편 좋아하는 부류도 있을 것이다. 결국, 잘난 척하다가 가장 하급을 맡게 되니 말이다. 심지어 회사 높은 메인, 주류에 계신 "윗분"께서 화장실 거울이 더럽다고 나한테 소리 지른 적도 있었다. 화장실에서 나는 봉변을 당한 느낌이었다. 내가 총무업무이지만 화장실 관리나 공무직 관리가 아님에도 내가 "그런 일"을 할거라고 생각했기 때문이다.

그런데 확실히 허드렛일을 하니까 음해가 줄어들었다.

주로 했던 일이 뭐더라? 운전기사 역할도 했다. 윗분들 단체 회식 때 내가 카니발 몰고 나간다. 윗분들 식사 때까지 기다린다. 기다리면서 CEO의 기사님과 둘이 식사를 한다. 그리고는 보통 9시나 10시까지 기다린다. 기사님과 둘이서…. 힘든 것 없었다. 덕분에 새로운 맛집도 알기 때문이다.

힘든 게 있다면…. 민어 철인 때였다. 민어 정식이 한 상 나왔다. 그러나 나는 운전 때문에 콜라랑 먹어야 했다. 소주가 너무 그리웠다. 그것 외에는 힘든 게 전혀 없었다. 그 이후 대리기사님한테 나는 친절하게 대한다. 그 이유는 정말 술 취한 "윗분"들 차에 태우면 가관이다. 대리기사님이 힘드시겠구나…높은 직급인 편인 나는 기사 역할을 한 것이 부끄럽지 않았다.

그 이유는

첫째. 맛있는 식당을 알게 된다.

둘째. 맛있는 것을 먹게 된다.

셋째. CEO와 동행을 하면서 의전을 배웠다.

넷째. 윗분들과 동행을 하면서 안면을 익히고 친하게 된다.

물론, 주요 업무는 사실 내가 잘하는 것이었다. 바로 CEO 말씀자료하고 홍보자료 작성이다. 보통 이 업무를 회사에서는 중요시하지 않기 때문에 간단히 작성한다. 그럼 끝.

그리고 행사는 내가 전문이다. 코엑스 행사도 중요하듯이, 회사 야유회도 중요해서 천막치고 음식 준비하는 게 싫지 않았다. 나머지 시간은 대부분 회사 행사나 간담회 때 필요한 물품을 사는 거다. 지역 농산물 살리기 운동 때문에 시골 가서 할머니와 이야기하고 오고 좋다. 재래시장 가서 상인회랑 협의하고 맥심커피 한잔 얻어먹고 오는 일을 했다. 참기름과 들기름 1,000병을 산 적도 있다. 그것을 직원들과 일일이 앉아서 포장한 적도 있다. 행사 때 기념품 제공으로 하기 위함이었다.

그때 난 쇼생크 탈출처럼 티스푼으로 벽을 긁었다.

3년 정도 있었다. 성실함을 타고난 나로서는 당연히 인사평가는 늘 상중하 중에 "하"였다. 완전히 가랑이 사이로 기어가고, 대강당을 혓바닥으로 닦아가며 일한 기분이기는 했었다. 주류의 멤버들은 좋아하지 뭐…그러나 그렇게 기사 역할 하고 시다바리하면서 평가는 상중하에서 "하"를 받으며 즐겁게 있었다. 나는 평가에 대해 어떤 반응도 하지 않왔다. 주는 대로 감사한 표정을 했다. 인사평가는 3년 연속 '상중하' 중에 하.

인사평가가 중요한가. 여기를 티스푼으로 벽을 긁어서 구멍을 내고 탈출하는 게 중요했기 때문이다. 당신에게 좋은 자리를 주기 위해 인사평가 "하"를 준다. 그건 낮은 평가를 견뎌낸 보상이기 때문이다.

결국, CEO의 지시로 난 좋은 곳으로 가게 되었다. 나를 좋게 본 본부장의 언급도 한몫했다. 말없이 운전하고, 의전했던 일에 대해 보상을 해줬다. 평가 '하'는 아무런 상관이 없었다. 나름 고속 승진을 했다.

물론 보직 자리를 내게 주기로 했을 때, 전국의 유생들이 CEO에게 "안된다"라는 상소를 계속 올리기는 했다. 그래서 밀릴 뻔했지만⋯ CEO께서 고맙게 결정을 과감히 내려주셨다. 결국, 총무업무로 3년 있다가 정식으로 보직을 맡게 되고, 거기다가 그 부서는 약간 변방에 위치했다. 덕분에 그 부서에서 본사 눈치 없이 거기 가서 즐겁게 보냈다.

쇼생크 탈출에서 마지막⋯. 해안에서 배를 고치는 장면처럼 말이다.

인생이 하강국면일 때 대처해야 할 4가지 법칙

음해의 기술- 반간계

아니, 너의 밑바닥은 세 번 더 내려가야 해.

반간계 (反間計 : 반대 반, 사이 간(이간질할 때 그 '간'), 계략 계)

내가 불리할 때 쓰는 전법이기도 하다. 적의 첩자를 이용해 오히려 거짓 정보를 흘려, 그 틈을 노려 적의 내부를 흔들고 승리를 쟁취하는 전법이다. 그러나 보통 내가 속는 경우가 많다….

66

제일 싼 줄 알았지만, 그때가 오히려 상투이다. 그때부터 하강 하강 하강이다.

주식 이야기일 수 있다.

하강국면에서 싸다고 살 때, 더 떨어질 수 있다. 또는 안 떨어져도 그 가격으로 몇 년 간다. 그럼 투자한 돈이 묶여버리는 것이다.

왜 그럴까? 간단하다.

"이제 떨어질 일이 없으니 사두면 오를 일만 남았구나."

결과는? 주식투자를 조금이라도 해본 분들은 결과를 다 아실 것이다. 지금 그렇지 않나?

인생에서 내가 밑바닥이라고 느낄 때가 있다. 회사 생활을 할 때 정말 밑바닥이라고 느낄 때가 있고 사업을 하다 보면 밑바닥으로 간다. 밑바닥이라고 느낄 때도 사실 '내가 하강국면에 있구나'라는 것이다. 다행이다. 하강국면이라고 느낀다면 다행이다.

하강국면인 걸 아니까 새롭게 올라가려고 노력한다. 왜냐면 열심히 사는 내가 하강국면이 있을 리가 없다. 그러면서 바닥을 쳤다고 하고 더욱 크게 도전한다.

그러나 이렇게 에너지를 보존하려면 다행인데, 더욱 일을 벌리고 또는 벌어지게 된다. 운명이 그렇게 된다. 그리하여 투자도 더 크게, 목표도 더 높게 한다. 그러나 어떻게 되나? 골로 간다.

그래서 바른 길, 정도로 길을 걷기보다는 요행을 바란다. 그러면 사짜를 만나기 쉽다. 왜냐면 한 번에 올라가야 하고 한탕으로 해결해야 하기 때문이다. 사짜인지 본인도 안다. 그러나 "부의 추월선"을 타려면 어쩔 수 없다는 것이다. 사실 책 〈부의 추월선〉과는 전혀 상관없이 행동한다. 그 책은 그런 내용이 아니다. 스스로 자립하고 기획하고 자기 사업을 하라는 것이지 '지름길'을 가라는 것이 아니다.

어쨌든 사짜인지 알면서도 당한다. 내가 사짜인지를 알기 때문에 조심하면 될 거로 생각한다. 그러나 크게 당하고 더블로 당한다.

반간계라고 있다. 적의 첩자를 첩자로 알면서 모른 척, 그러다가 그 첩자에게 거짓 정보를 흘려 적의 내부를 흔드는 방법이 있다. 그런데 자신이 첩자를 컨트롤하는 게 아니라, 첩자의 거짓 정보에 내가 흔들리게 되는 것이다.

내가 중심이 없고, 단계별 목표가 없으니 반간계에 역으로 당하는 것이다. 회사 생활에서 하강국면의 조짐, 하강국면의 징조는 어떤 것이 있나? 의외로 하던 프로젝트가 어그러지거나 직원과 싸우는 것은 아니다.

첫째. 과도한 감사이다.

내가 회사를 옮기자마자, 이직한 그 부서가 3개월간 '감사원' 감사라는 초강도 감사가 이루어졌다. 나는 졸지에 시달렸다. 그때가 신호였다. "탈출하라!!" 그 이후로 10년간 이상하게 감사에 시달렸다. 매년. (중간 딱 2년만 빼고)

둘째. 구설수와 악성 소문이다.

옐로 페이퍼 뉴스 같은 소문이 났을 때, 괜히 억울해도 어쨌든 소문이 났을 때 조심해야 한다.

셋째. 차 사고가 나거나 얼굴이 일그러지거나 할 때

큰 차 사고가 아니더라도, 차 유리창이 반쪽 금이 간 상태거나 이가 갑자기 까맣게 되고, 얼굴 인상으로 주름이 세로로 갈 때 주의해야 한다.

이러면 자신을 점검을 해보아야 한다. 하강국면에는 어떻게 해야 하나? 그럴 경우 해야 할 일이 있다.

1. 내 인생을 점검해 본다.

- 하강국면은 신이 주신 선물이다. 하던 일을 멈추고 점검을 해보기도 하고, 쉬어갈 때이다.

2. 멈추거나 바꾸거나 조용히 따라만 간다.

- 하강국면은 역시 신이 주신 선물로 새로운 길을 모색할 기회이기도 하다. 그러기 위해서는 멈추어야 한다. 멈추지는 못해도 조용히 할 일만 처리하고, 조직의 일은 그저 따라 하기만 한다.

3. 에너지를 보존한다.

- 새로운 일을 벌이는 것보다, 운동을 해서 체력을 쌓거나 또는 학교를 새로 다니거나 해서 지식을 쌓아두어야 한다.

4. 괴롭고 허망해도 인생은 굴러간다.

- 하강국면은 그럴 수 있다. 그래도 인생은 굴러가야 하니 하루하루 목표를 세운다. 당연히 인생의 목표는 크게 잡아야 한다. 그 목표는 '잘 먹고 잘 싸고 잘 자는 것'이다.

5. 파티를 열지 않는다.

- 너무나 많은 음기는 과도한 양기를 발산한다. 그래서 오히려 파티를 즐길 수 있다.

하강국면에서 자중해야 한다. 성당에서 교회에서 절에서 시간을 보내야 한다. 그러나 바닥을 쳤다고 하고 더욱 크게 도전한다. 그러나 이렇게 에너지를 보존하려면 다행인데, 더욱 일을 벌이고 또는 벌어지게 된다. 운명이 그렇게 된다. 그리하여 투자도 더 크게, 목표도 더 높게 한다. 그러나 어떻게 되나? 골로 간다.

이 자리까지 KTX 탄 줄 아니? 따박따박 걸어왔어

음해의 기술 - 고육계

내가 고스톱 치고 여기까지 왔니

고육계(苦肉計 : 괴롭고 맛이 쓴 고, 고기 육, 계략의 계)

자신을 희생하고 학대당하고 벌을 당하더라도 채찍질을 당해서 상대방이 의심을 가지지 않게 하는 전략이다. 삼국지에 조조를 속이기 위한 계책이었다.

"

이건 약과지

약과는 우리가 간식으로 먹는 그 전통 약과이다.

"이건 약과지."는 말은 "쉽다. 또는 별거 아니다."라는 뜻이다. 높으신 양반을 뵈러 뇌물을 바치려는 사람들이 많았다. 그래야 민원도 해결하고 승진도 해결되기 때문이다. 그때 높으신 양반 옆에 있는 '비서'가 또 뇌물도 많이 받았다. 왜냐면 높으신 양반을 뵈려면 이 비서에게 무언가를 바쳐야 한다. 그런데 바칠 게 없어서 준다는 게 작은 과자, 약과이다. 기가 찬 비서는 무엇이라 했을까? 바로 별거 아니군…. 이라는 뜻으로 한 말이 있다. 바로 "이건 약과지."

대부분 CEO 옆이나 권세 높은 양반 옆에 있으면 승진기회를 얻기 쉽다. 고관대작 양반 옆에 있으면 승진 또는 좋은 직군으로 발령받을 확률이 높다. 그래서 자신이 일하기 적합한 쪽으로 일하기도 쉽다. 그러면 일도 신이 나서 한다. 그래서 CEO 눈에 띄는 곳에 일하는 것이 맞다. 만약 승진을 선택할 직원 A와 B가 있다면 누구를 선택할까? CEO는 바로 얼굴을 한 번이라도 보고 말을 걸었던 직원 A가 있다면 A를 선택할 확률이 높다.

국회의원 선거 때도 마찬가지이다. 정치에 관심은 없어도 투표장에는 꼭 가는 경우를 생각해 보자. 그러면 누구를 선택하나? 바로 어제 지하철역 앞에서 봤던 후보, 인사 열심히 하는 의원 후보가 생각나서 찍는 경우도 더러 있다.

그래서 회사 주류들, 경쟁자들은 당신에게 CEO 보고나 본부장 대면 보고를 막아내고, 제한할 수 있다. 그렇기 때문에 당신은 이를 갈고 "높으신 분 뵙고자" 준비를 하는 경우가 있다. 그런데 잘 못 하면 무한 도전의 무한상사 회식처럼 상황이 연출된다.

예를 들면 보통 워크숍 때 CEO나 간부진 옆에 술에 취한 상태로 가거나, 또는 오버하다가 상황을 망치게 된다. 예전에는… 저녁 식사 테이블 위에 올라가 무한도전에서 노홍철의 댄스 같은 춤을 추는 중간 간부를 보았다. 당연히 좌천된다. 노래방 테이블도 아닌, 그냥 저녁 식사 테이블에서 말이다.

급한 마음은 알지만 자중하고 자존감을 느끼고 평정심을 유지하자. CEO가, 직장상사가 KTX 타고 왔나, 따박따박 걸어왔나. 다 보면 안다.

"내가 KTX 타고 여까지 온 줄 아니? 따박따박 걸어왔어"

위에 이 말은 코미디언 김용명이 했던 말이다. 나 힘들게 여기 이 자리까지 올라왔다는 뜻이다. 유사한 말이 있다.

"내가 고스톱 치고 여기까지 왔니? "

　고위 간부나 CEO를 보면 그냥 올라간 사람 별로 없다. 다 나름 고군분투 산전수전 다 겪고 올라갔다. 공중전 수중전 육박전 다 치러봤다. 일 '뻔새' 하나로 그 직원의 업무 흐름을 한눈에도 알 수 있다. 그래서 강도 높게 당신의 실천과 능력을 요구할 수 있다. 왜냐면 자신이 그렇게 해서 올라왔기 때문이다.

　어설픈 마음으로 '의전'을 하거나 높은 직군 옆에 일하는 게 쉽지 않다. 주말도 없이 일하고 야근도 자처하고 어렵고 궂은일은 모두 다 떠맡아야 한다. 그리고 욕받이도 할 때도 있다. 다 감내해야 한다. 감내할 자신이 있는가? 높은 양반 옆에 일하다가 중도에 포기하는 경우도 있다. 또는 반대로 좌천 당한다.

　또는 약간의 들뜬 마음에 '세 치의 혀를 잘 못 놀리다'가 CEO 귀에 들어가 한 방에 날아가는 경우를 많이 봤다. 그리고 간부진 중에는 직원들의 평소의 태도와 자세를 보고 단번에 파악하시는 분들도 많다. 성공하신 분들이 그러하듯 금방 한눈에 스캔 다 뜨는 거다. 매의 눈을 가진 분들이 많다.

그러니 우리들은 평소에 무한상사의 정 차장, 박 과장처럼 하면 안 된다. 그래서 힘든 거다. 날아가기 쉽다. 한 방에 날아간다. 오히려 주류 쪽에서 '대면보고'를 제한하다가 우연히 내게 기회가 오게 된다. 주류들이 깝죽대다가 다 날아갔기 때문이다. 기회는 그렇게 온다.

　무한상사 파이팅!!

우울증, 수면제를 복용하는 직장인, 회사원에게

음해의 기술 - 연환계

너무나 나의 것을 소진해 버리는 직장인에게

연환계(連環計 : 이을 연, 돌아오다 또는 사슬처럼 엮다의 환, 전략 계)

여러 전략을 사슬 묶듯 하여 전투 중에 다양한 방법을 구사하여 승리하는 전법

그러나 다양한 전략은 내부의 힘을 뺄 수도 있으며, 다음 전투를 대비하지 못하고 한 번에 다 소진해 버릴 수 있다. 삼국지에서는 조조의 연환계가 오히려 제갈공명에게 당했다.

"

지금 우울증이라고 생각해. 그런데 누우면 3초 안에 자.

난 한때 우울증에 공황장애가 있다고 생각했다. 그런데 그 당시에도 누우면 바로 잠든다. 우울증 아닌가?

취미는 없지만, 금요일이면 저녁에 퇴근해서 요리를 하고 쇼미더머니나 윤식당을 보는 게 세상 행복했다. TV, 요리와 와인이 있기 때문이다. 다음날 토요일이면 바닷가로 스노클링을 하러 가곤 했다. 이런 생활이 너무 행복하다. 우울증 거린게 아닌가?

그럼에도 나는 우울하다고 생각했다. 아니었나? 앞에도 썼지만 회사 강당을 혓바닥으로 청소하는 느낌으로 일을 했다. 그런데 사실 그런 일만 하니까 머리가 맑아지고 생각도 좀 단순해졌다.

그러고 보니 우울해진 게 아니라 그냥 쪽팔렸던 거였다.

강당 문 열고 닫는 게 뭐 어때서 말이다. 늘 말하지만, 월급 안 잘리고 돈 받으면 됐지 직군 발령이 무슨 의미가 있느냐는 거다. 그 당시 나는 평가 하위여서 임금상승률은 낮은 편이었다. 그러나 비슷한 연차와 직급 중에는 내가 원래 높았어서 상관없다는 마인드였다. 게다가 너희들이 기획 일을 해봤자 머리가 안 되니까 얼마나 힘들까 라고 속으로 걱정을 해주었다.

이래서 주위에서 나보고 멘탈 갑이라고 했나. 아니면 이런 자세이니까 주위에서 얄미워서 내가 더 평가가 안 좋았나. 쩝. 사실 속으로는 우울하고 공황장애인 것 같았다구!! 나두…….

그런데 생각해 보니 많은 직장인이 우울증약, 수면제약을 복용하는 것 같다.

사례를 들어보겠다. 내 친구는 여의도 바닥에서 날렸다.

정말로 날리던 사람이었다. 여의도에서 상암동으로 옮겨가면서도 날렸다. 회사에 수익만 어마어마하게 벌어들여 줬다. 늘 평가는 당연히 S 또는 A였다.

물론 지금은 퇴사하고 아무것도 안 한다.

친구의 기억에 남는 것은 사무실에서 오고 가는 씨X(비읍 아 리을) 놈과 쌍 X(니은 여 니은), 명품 옷과 가방, 그리고 수면제와 우울증 약이었다. 결과적으로 친구는 퇴사했다. 이직이 아니라 퇴사를 했다. 번아웃과 공황장애로….

회사 옥상 난간에 서 있는 자신의 모습을 보고 퇴사를 결심했다고 했다. 수면제 복용 부작용인지…. 그때의 행동이 기억할 수 없다고 했다.

다만, 어깨 위에 쌓인 소복한 눈을 보고 얼마나 오랫동안 난간에 있었는지 가늠만 할 뿐이라고 했다. 옥상에서 담배 피우던 동료들이 구해주었다고 했다.

결과적으로 회사에 누가 남았느냐?

당연히 본사의 아들, 딸들과 누구의 아들과 딸들, 그리고 가방끈이 길어 공부도 열심히 했던 분들인데 회사 보고서까지도 열심히 했던 분들은 남았다. 마음도 느긋하고 업무 처리도 느긋한 분들도 남았다고 한다.

누구의 아들딸들은 입사 2년 차인데도 그 업계의 전문용어조차 몰랐다고 한다. (어렵지도 않다. 큐시트 뭐 이런 거) 공부 열심히 한 분들은 회사 실적과 영업은 꽝이었다고 했다. 마음 느긋한 분은 승진이 계속 누락되어 평사원으로 나이 50에도 잘 다니고 있다고 했다. 여전히 매일 강남에서 상암까지 택시로 출퇴근하면서 말이다. 계절이 바뀌면 나뭇잎 색깔도 변하듯, 자신의 가방도 신상으로 바꿔가며 회사에 다닌다고 한다. 그분들은 남았고, 회사도 멀쩡히 돌아간다. 망하지 않았다. 업계의 지각변동을 일으키는 아이폰 정도를 만들 정도는 아니지만, 그럭저럭 잘 돌아간다.

운동을 하면 될까? 새벽부터 하는 운동 또는 밤에 하는 운동은 오히려 체력과 정신에 문제를 줄 수 있다. 신체에는 피로감을 주고, 정신에는 그저 스케줄링으로 움직여야 만족한다는 것만 주는 것이다.

운동은 머리를 비우게끔 하고, 기분 좋은 피로감으로 잠을 잘 오게 해야 한다. 그런데 운동을 직장 스케줄처럼 짜놓고 다니면 위험하다. 내 친구도 야근하고, 운동까지 하고 집에 가 씻고 새벽에 출근해서 일 하고를 반복했다.

독일의 페터 악스트 교수의 〈게으름의 즐거움에 관해〉에서 마라톤을 하는 대신 해먹에 누워 빈둥거리거나 스쿼시를 하는 대신 낮잠을 자는 사람이 더 오래 살 수 있다고 했다. 게으름을 피우는 것이 장수의 비결이라고나 할까.

직장 내에 음해 때문일까? 그래서 친구는 스트레스를 받았을까?

내 친구가 정신을 잃고 사무실에 쓰러졌을 때, 황급히 소리 지르고 깨우고 119를 급하게 부르며, 눈물 흘리며 깨어나라고 소리치고, 구급 차에 실어주며 도와줬던 사람들은 누구일까?

바로 자기에게 씨X새끼, 쌍#이라고 사무실에서 소리쳤던 사람들이었다. 음해를 하고 싸우던, 그래도 직장동료들은 '사람'이고 '인간'이다.

물론, 모두에게 비밀은 있다. 그 비밀을 누군가 나누고 해소하고 풀어야 할지도 모른다. 당연히 나는 친구의 비밀 또는 사생활을 모른다. 내 특징이 원래 남에게 관심이 없기 때문이기도 하고. 그러나 대부분 각자의 비밀 같은 문제들이 있다.

집안 문제, 연애문제, 환경문제, 형제 문제, 부모 문제, 아내 문제, 남편 문제, 자식 문제, 종교 문제, 경제적 문제, 섹슈얼 오리엔테이션 등 여러 가지 문제가 인생에서 다가온다.

사실 이런 비밀스러운 문제가 자신을 괴롭히기도 한다. 남에게 말

못 할 비밀들, 어두운 욕망들 말이다. 반드시 해소해야 하거나, 누군가의 도움을 받아야 하거나 말을 해야 한다. 시간이 지나면 될까?

그렇기도 하고 아니기도 하고, 시간이 지나면서 이것도 해보고 저것도 해본 결과로 마음의 평안을 얻으니까.

단, 시간만을 내어놓는 게 아니라 나의 것도 내어놓아야 마음의 평안을 얻는다. 그러나 명품 가방과 신발보다는 마음의 평안이 훨씬 감사하고 행복하다.

그런데 나는 사실 시간의 범위와 내어놓아야 할 무언가를 명확히 규범 짓지 못하는 게 나의 한계이기도 하다. 이 글을 읽는 분은 나보다 훨씬 내공이 깊은 의사, 학자, 도사, 도인, 종교인 등등을 만나는 게 좋을 것 같다. 나는 다만 '음해를 잘 막아내고 자존감을 지키는 기술'을 쓰는 사람이기 때문이다.

열심히 성과를 내면 직장인 모두가 성공하고 지사장도 하고, 계열사 사장도 하는데, 왜 그렇게 되었을까?

먼저 사장되기 전에 죽으면 안 될 것 같다.

수면제 같은 것은 2주~4주 이상 복용하면 위험할 것 같다. 특히 졸피뎀 성분의 약을 장기 복용하는 것은 피해야 한다. 부작용으로 죽고 싶다는 생각만 하게 되기 때문이다. 앞 주제에서도 말했지만, 회사원은 죽으면 안 되기 때문이다.

졸피뎀…. 수면제 부작용을 쓰려고 내가 이 글을 쓰는 것이다. 나의 조잡한 글이 한 명이라도 구했으면 좋겠다는 마음으로 말이다.

둘째로 우울증에 대해 전문가 상담을 해야 한다고 들었다.

그러고 보니 옛날 친구가 생각났다.

중학교 친구는 넉수상고에 들어갔다. 고등학교 졸업 후 우연히 만났는데 대기업에 입사했다고 했다. 그때 S계열 회사에서 대졸자나 고졸자 상관없이 학력 제한을 폐지했을 때이다. 능력 있는 친구는 대기업에 푸드 계열로 들어갔다.(그때는 S계열이 전자, 섬유, 식품, 백화점도 있었다.)

우연히 만났는데, 정신과 치료를 받는다고 했다. 그때가 22살 때였나……? 덕수상고면 웬만한 인문계 졸업자나 애매한 대학교의 경상계열보다 인정해 주는데, 그래도 고졸자라고 무시했나 싶었다. 그런데 같은 팀에 무려 3명이나 정신과를 다녔다고 했다. 이건 본인이 어리거나 고졸자라고 음해를 당한 게 아니라 시스템이 문제일 거라 생각했다. 나의 동창은 어떻게 해결했을까? 궁금한데 그 이후로 못 만났다. 핸드폰도 없던 시절이고, 굳이 졸업장에 나와 있는 집 전화로 전화할 정도 사이는 아니기 때문이었다.

지금쯤 S그룹의 임원진이 되었을까? 내 집 앞 주유소에 고급휘발유를 넣고 있는 마이바흐 뒷좌석에 앉아 있지는 않을까? 행여나 오늘도 뒷좌석 유리창을 쳐다본다…. 안 보이네.

도망쳐라. 불태워서

음해의 기술 - 36계 줄행랑

어서 도망가라

주위상계(走爲上計 : 도망가고 뛸 주, 하다 또는 do it 위, 고급 상, 계략 계)

해답이 없으면 도망가라. 손절하고 내뺀다.

66

36계 줄행랑!!! 도망가자!!

예전 만화를 보면 "도망가자. 36계 줄행랑이다!!"라는 대사가 많이 나왔다. 덕분에 36계를 알게 되었다.

36계는 병법 중 정면승부 완전 돌파 그런 거 없다. 오직 이기기 위한 술책이다. 그런데 하다 하다 안 되면 줄행랑 작전이 있다. 도망치는 것이다. 도망쳐서 후일을 도모하는 것이다.

음해를 당하고 또는 음해를 해서 얻은 게 무엇인지 생각해 봐야 한다. 내 자아가 단단해졌는지, 내가 사회적 정체성으로 만족을 했는지 말이다. 물론 썰물처럼 빠져나가는 월급 때문에 감사는 하다.

돌이켜 보면 찻잔 속에 태풍도 아닌 그냥 출렁임인데 괜히 음해 속에 살아가는 것 아닌가 착각한다. 그 음해들이 무슨 의미가 있을까?

직장에서 삶의 의미가 갑자기 없어지고, 자신이 직장 안에서 뭘 해봐도 안 될 때, 음해가 난무할 때. 내가 하는 일이 너무나 기뻤지만, 그게 음해로 저평가 되었을 때, 그때는 줄행랑, 즉 어 직장에서 도망치는 것이다.

그러나 월급을 보면 다시 주저한다. 줄행랑? 내가 회피하고 도망가면 포기가 몸에 붙는 거 아닌가? 그래서 다시 조직에 애를 쓰고 내가 열심히 해보기로 마음먹어본다. 조직 안에서 갖은 애를 써본 사람은 알 것이다. 회식 자리도 빠지지 않고, 행사나 모임에도 빠지지 않았다. 그리고 야근은 도맡아 했다.

그래도 내가 승진도 못 하고 제자리라면. 회사 내에 메인스트림에 진입을 못 한다면, 아니 메인까지 아니어도 왕따 집단에 들어가는 이유는 무얼까? 스스로 체크해 보자.

1. 한다고 했는데 안 된다.

2. 업무에서 체크할 일들이 빠지지 않았다고 한 건데 많이 빠졌다.

3. 행실이 부덕할 뿐이다.

4. 조직이 스마트하지 못해서 나처럼 새로운 업무 처리 방식과 스타일을 받아들이지 못한다.

5. 학연과 지연, 출신 성분은 아무리 해도 될 수 없다.

6. 메인스트림에 나의 멘토나 선배가 없다.

어쩌면 냉정하게 보면 사실 1번 또는 2번이다. 그런데 본인은 4번과 6번이라고 생각할 것이다.

그리고 다음과 같이 마음을 먹으면 위험하다.

1. 어차피 자기들은 일 안 하는 것 같다. 나도 탱자탱자 해야지. - 그러나 본인은 근무 태만이다. 그래서 인사고과 D를 맞을 수 있다.

2. 자기들만 승진하고 자기들만 좋은 근무환경을 조성한다. 어차피 그럴 거 나도 회삿돈으로 맛있는 거 사 먹자.

위에 처럼 마음먹으면 안된다. 그런데 회사에서 나라는 인간이 안 맞을 때가 있다. 나갈까? 나가기 위해서는 정말 많은 유튜버나 책에서 다음과 같이 말을 한다.

1. 이직할 곳을 정하자

2. 창업을 회사 다니면서 준비하자

3. 여행 준비를 하자

4. 병가나 휴직을 하자. 그러면서 알아보자.

그런데 특별한 사유가 없는 한, 4번은 글쎄… 정신과 감정받고 유급으로 쉬면서 병가를 얻으려는 방법도 있다. 그러나 다니려면 다니고 말려면 마는 것이 확실한 자신의 미래발전이 있지 않을까.

그런데 가끔 인생 살면서 내가 뭘 할지 모를 때가 있다. 아무것도 못 할 거 같은 기분이 들기도 한다. 회사 이직을 하거나 창업을 해서 잘 못 된 경우를 너무나 많이 봐왔다. 왜냐면 주로 직장에 있었기 때문이다. 너무나 많은 사람이 잘 안 된 것처럼 보였다. 그래서 나간다는 것은 두려움이다.

1번과 2번은 너무 당연하다. 그런데 직장 다녀본 사람은 알지만, 우리 같은 평범한 사람은 쉽지 않다. 유튜브에는 많더구먼… 내가 해보면 정말 쉽지 않다. 너무나 많은 책에서 조언을 해주고 있고, 나는 조언을 할 게 없어서 1번과 2번은 알아서 잘하길 바란다.

포기는 배추를 셀 때만 쓰는 거라 배웠다. 그래도 잘 모를 때가 있다. 그런데 가끔 일단 멈춤과 포기가 필요할 때가 있다. 물론 인생에서 자주 쓰면 안 되지만 말이다. 그럴 땐 일단 무조건 뒤도 안 보고 도망가는 것이다. 절벽에서 다이빙하듯 뛰어드는 것이다. 일단 도망갈 준비를 하는 것이다.

으음…. 아니면 어때? 절벽 위에서 푸른 바다로 일단 뛰어드는 거? 모험을 떠나는 거…….

그러면 앞으로 어떻게 되냐고? 모르지 그건. 일단 바다로 모험을 떠난 거니까? 큰 외눈박이 문어가 나타날 수도 있고, 사이렌 공주가 노래를 불러줄 수 있고…

일단 월급은 안 나와… 하지만 음해가 아니라 자신의 기술과 노력으로 성과를 얻는 기쁨을 얻을 수 있다. 어떤가?

그래 도망가자.

현우진

켈리 픽처스

Office Mental

오피스 멘탈

- 음해를 이기는 멘탈 관리 비법 36가지

값 14900 원

03190

9 791198 282521

ISBN 979-11-982825-2-1